BRAINWORK

브레인 워크

BRAIN WORK

— 창조적으로 문제를 해결하라 —

브레인워크

· 박형준·박상현 공저 ·

21세기북스

/ CONTENTS /

경영학 지식을 폐기하라

우리는 회사에서 열심히 일하란 말을 귀가 따갑도록 듣는다. 열심히 한다고 모든 문제가 해결될까? 아니면 하늘에서 답이 '툭'하고 떨어질까? 절대 그런 일은 일어나지 않는다. 스티브 잡스의 혁신을 연구하고 하버드 MBA를 수료한다고 해서 성과가 나지는 않는다.

누구나 업무를 수행 하면서 '이삭줍기'라는 말을 한 번쯤은 들어 보았을 것이다. 팀장은 보고 자료를 만들기 위해 일회성 아이디어들을 제시한다. 팀원들은 팀장이 제시한 아이디어를 데이터로 증명하기 위해 방대한 정보를 분석하고 웹 서칭 및 관련 보고서들을 끊임없이 파헤친다. 그렇게 분석한 정보를 가공해 결과물을 제출하지만 팀장은 자신이 생각하는 것에 부합하는 숫자가 나올 때까지 또 다른 일회성 아이디어에 대한 자료를 만들어 올 것을 지시한다. 팀원들은 팀장이 원하는 자료를 보여주기 위해 야근과 주말 출근이라는 엄청난 업무 쓰나미를 맞이하게 된다. 하지만 팀장의 아이디어를 충족시킬만한 결과가 만들어지는 경우는 그리 많지 않다. 결국 팀장은 팀원들이 만들어낸 자료들을 가지고 보고서에 쓸 만한 자료들을 추려내는 '이삭줍기'를 하게 된다.

이 얼마나 멍청한 짓인가? 하지만 놀랍게도 이는 대한민국의 지성인을 자부하는 대다수의 직장인들이 일하는 방식이다. 수많은 정보를 만지면서 '무엇인가 나오겠지', '열심히 일하면 결과를 만들어 낼 수 있겠지'라는 막연한 생각으로 일하고 있는 것이 오늘날 비즈니스 현장의 자화상이다.

최근의 비즈니스 환경에서의 메가 트렌드는 단연 '빅 데이터'다. 빅데이터, 허울은 좋지만 엄청난 양의 데이터를 무작정 열심히 분석한다고 해서 회사의 가치가 올라갈까?

대부분의 성공한 CEO들은 한결같이 다음과 같은 말을 한다. "된다는 신념으로 한 길만 꾸준히 걸어왔습니다. 노력만 있으면 무엇이든 해낼 수 있습니다." 물론 틀린 말은 아니다. 그러나 현실은 어떠한가? 열정적이고 근면한 경영자들이 줄줄이 실패하고 있는 것이 현대 경영환경의 현실이다. 결국 위와 같은 CEO들의 대답은 수능 만점자의 '평범한 공부 비결'과 별반 다르지 않다.

이 책을 집필하는 목적은 단 하나다. 수많은 기업들의 문제를 해결했던 경험을 집약해 문제 해결 방안을 제시함으로써 독자들로 하여금 시행착오를 줄이고 올바른 경영 전략을 세워 성과를 내도록 돕기 위함이다. 성과를 내는 데에는 방법론 몇 개와 문제 해결력이 필요할 뿐이다. 그러므로 이 책에서는 성과를 내는 방법에 집중했다. 사업을 하고 있는 경영자나 성과를 내고자 하는 기획·마케팅 담당자에게 실질적인 도움이 되길 기대한다.

한 대형 클라이언트는 여성복 사업을 전개하는 과정에서 많은 실패를 경험했다. 당시 영업 실적이 기대한 만큼 나오지 않자 많은 스트레스를 받았고, 재고의 압박을 해결하기 위해 막연하게 경영 서적을 독파하며 괴로워했다. 하지만 대부분의 경영 서적은 원론적인 내용, 지엽적인 관점에 머물러 있어 실무 적용에는 한계가 있었다. 결국 그 클라이언트는 스스로 문제를 재해석해보고 현실에 적합한 방안을 찾는 쪽으로 문제 해결 방법을 선회했다. 그 과정에서 그는 거시적 관점의 통찰력을 얻게 되었으며 연이어 사업을 성공시킬 수 있었다.

컨설팅의 본질은 기업의 문제를 해결하고 성과를 내는 데 있다. 나는 십 수년간 경영 컨설팅 업계에 몸담으며 이러한 경험을 쌓았다. 그렇다면 '문제 해결력'을 기를 수 있을까? 나는 여러 프로젝트를 수행하며 '문제 해결력'이란 분명히 존재하며 훈련만으로도 계발할 수 있다는 것을 깨달았다.

체스 경기는 한 게임당 경우의 수가 무려 10의 120제곱에 달한다. 한마디로 체스 게임을 하면서 말들을 어디에 놓아야 할지 매 순간마다

'합리적'으로 판단할 수 있는 능력을 지닌 인간은 존재하지 않는다.

'인간 의사결정에 대한 연구'로 노벨 경제학상을 수상한 하버트 사이먼 박사는 체스 기사들이 체스판에서 말들이 나아가게 될 약 5만 가지 패턴들을 빠르게 인식할 수 있는 능력을 일컬어 '습관으로 굳어진 분석'이라고 했다. 즉, 그들은 습관에 의한 직관적인 결정을 한다는 것이다. '문제 해결력'도 이와 마찬가지다. 독수리가 새끼를 날게 하기 위해 반복적으로 훈련을 시키는 것처럼 난해하고 어려운 문제들을 반복해서 직접 해결해보는 것이 '문제 해결력'을 배양하는 유일한 방법이다.

나는 이 책에서 방법론과 실제 사례를 통해 독자들이 실전과 같은 훈련을 할 수 있도록 최선을 다했다. 물질 및 정보 과잉인 현시대에 가치를 창출하는 유일한 사고방식은 인간 중심의 '브레인 워크'다. 꾸준히 읽고 고민하여 활동 분야에서 문제 해결력을 배양하기 바란다.

| 1부 | 시장 변화에 민감하라

성공하고 싶다면
시장의 성공 법칙을 지켜라

그리스 신화에 나오는 헤라클레스는 그 누구보다 힘세고 빠르고 용맹하다. 반면 하늘을 떠받치고 있는 아틀라스는 둔하고 느리지만 아주 큰 거인이다. 그리스 신전에서 달리기 시합을 한다고 하면 누가 이길까? 헤라클레스가 아무리 빨리 달려도 아틀라스의 한 걸음을 당해내지 못할 것이다. 따라서 빨리 가기 위해서는 거인 아틀라스의 어깨 위에 올라타는 것이 현명하다. 비즈니스도 이와 마찬가지다. 유럽의 석유 회사인 로열 더치 셸의 전 CEO였던 로 판 바험이 말한 신사업 성공의 비결은 '거인의 어깨에 올라타는 것'이었다. 기업이 아무리 열심히 노력하고 뛰어난 경영을 수행한다고 해도 기업이 속한 시장이나 산업의 거대 흐름을 거스를 수는 없다. 성장하는 시장에서는 남들만큼만 해도 덩달아 성장할 수 있고, 쇠퇴하는 시장에서는 아무리 발버둥 쳐도 적자를 면할 수 없다.

2000년 3월, 세계에서 가장 가치 있는 기업으로 급부상한 시스코 시스템즈Cisco Systems의 CEO 존 챔버스는 시스코의 성공 비결로 "고객 중심의 경영, 직원의 동기부여, 성공에 대한 열정"을 꼽았다. 이러한 자세만 있다면 정말 성공할 수 있을까? 그렇다면 실패한 경영인들은 이러한 열정과 노력이 없어서일까? 시스코 시스템즈의 성공 비결은 다른 데 있었다. 시스코는 1990년대 후반 닷컴 붐Dot-com boom이라는 IT산업의 성장 시류에 속해 있었다. 당시에는 IT기업이라는 간판만 가지고도 막대한 투자를 유치할 수 있었고, 성장을 이룰 수 있었다. 시스코는 성장 시장 한가운데서 그 기쁨을 만끽한 것이다. 쇠퇴하는 시장 환경에서 열정적으로 노력한다고 해서 성공할 수 있을까? 결론적으로 거의 불가능하다. 실제로 닷컴 버블dot-com bubble이 사라진 지금 시스코 시스템즈의 기업 가치는 5분의 1로 줄어들었다.

과거 한국에서 비타민 음료는 제약업계에서만 생산할 수 있었다. 때문에 비타민 음료는 협소한 시장에 갇혀있었다. 하지만 2008년부터 음료업계에도 생산이 허용되면서 웰빙 열풍과 더불어 폭발적인 성장을 보였다. 이에 성공 가능성을 확신한 음료업계에서도 앞다퉈 제품을 내놓기 시작했다. LG생활건강의 '글라소 비타민워터'와 롯데칠성의 '데일리 C 비타민워터' 모두 진입과 동시에 높은 성장을 지속하고 있다. 성공을 원한다면 "성장하는 시장에 뛰어드는 것"처럼 확실하고 쉬운 방법도 없다.

산업수명주기

나는 의욕적인 CEO들을 만나면 언제나 시장을 보는 눈을 갖추는 것이 우선이라고 조언한다. 현대 경영 환경과 같이 세계화, 대형화가

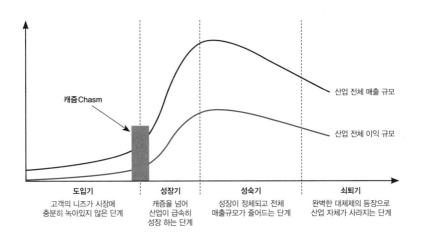

[그림1] 산업수명주기|Industry Lifecycle

캐즘Chasm

산업 전체 매출 규모

산업 전체 이익 규모

도입기	성장기	성숙기	쇠퇴기
고객의 니즈가 시장에 충분히 녹아있지 않은 단계	캐즘을 넘어 산업이 급속히 성장 하는 단계	성장이 정체되고 전체 매출규모가 줄어드는 단계	완벽한 대체제의 등장으로 산업 자체가 사라지는 단계

진행되고 기술 변화가 매우 심한 상황에서 경영자의 의지와 노력으로 시장의 흐름을 변화시키고 성공하는 것은 매우 어렵다. 현시대에 가치 창출의 비결은 두 가지다. 고객의 니즈를 포착하여 새로운 제품 및 서비스를 제공하거나, 시장의 흐름을 정확하게 읽고 성장하는 사업에 뛰어들어 시류를 타는 것이다. 전자의 경우 많은 노력과 위험이 따르지만 후자는 상대적으로 안전하다.

이 책에서는 성장하는 시장에 뛰어드는 것만을 만병통치약으로 제시하지는 않는다. 하지만 사업의 성패가 산업수명주기 단계와 매우 밀접한 관계가 있으며, 각 단계의 기본 법칙만 알고 있어도 성공 가능성은 크게 높아진다. 시장을 이해하는 방법과 그에 따른 방안을 다양한 사례와 원리로써 설명하고자 한다. 현재 속해 있는 시장을 냉정히 파악하고 1부에서 제시하는 법칙대로 경영하여 안정적이고 성공적인 결과를 얻는 것을 목표로 한다.

먼저 시장의 변화 단계에 따라 성공 방식이 완전히 다르다는 것을 인지할 필요가 있다. 이를 산업수명주기Industry Lifecycle라고 칭한다. 산업수명주기는 도입기, 성장기, 성숙기, 쇠퇴기로 구성된다. 정보통신과 과학기술의 발달로 산업수명주기는 갈수록 짧아지고 있으며, 이는 곧 많은 위험과 기회가 공존하고 있음을 뜻한다. 경영자는 각 단계를 정확히 파악하고 적절한 전략을 사용해야 한다. 도입기에는 브랜드 구축과 크리티컬 매스critical mass가 중요하고, 성장기에서는 빠르게 확장하여 시장점유율을 높여야 하고, 성숙기에는 차별화와 대형화를 통해 매출을 극대화해야 하며, 쇠퇴기에는 철저한 수익 경영이 필요하다.

chapter1

도입기의 성공 법칙

혁신하지 마라

혁신은 잡스도 망하게 한다

2000년대 가장 '핫'한 기업 애플의 CEO, 췌장암을 극복해낸 인간 승리의 대명사, 혁신의 아이콘, 통찰력을 지닌 사업가, 다르게 생각하는 사람 등 스티브 잡스를 설명하는 수식어들은 모두 그를 동경하게 만드는 말들이다. 미국 교과서에 나올 정도로 영향력 있는 스티브 잡스가 시장에 출시했던 제품들 중 실패한 것이 많다는 것을 사람들은 알고 있을까?

애플은 아이폰으로 역대 스마트폰 판매 기록을 갈아치우며 '아이폰 열풍'을 일으켰다. 하지만 아이폰 출시 한참 이전에도 휴대전화를 출시해 오며 실패를 거듭해왔다는 사실까지 알고 있는 사람은 드물다.

'혁신의 대명사'로 불리는 스티브 잡스는 휴대전화, 업무용 PDA, MP3 플레이어를 하나로 합친 혁신적인 제품을 줄곧 꿈꿨다. 그는 2005년 모토롤라와 합작으로 '락커ROKR'라는 휴대전화를 출시했다. 하지만 당시 스마트폰 시장은 도입기였다. 소비자는 휴대전화로 음악을 듣는다는 개념 자체가 생소했고, 결국 호응을 얻지 못했다. 결국 잡스는 모토롤라와 결별하고 '락커'의 실패를 인정할 수밖에 없었다. 잡스조차도 도입기를 돌파하기 어려웠던 것이다. 스티브 잡스는 큰 히트작 몇 개가 있지만, 그 이면에는 실패작이 무수히 많았다. 하지만 현시대에는 이를 "실패는 성공의 어머니"라 부르며 잡스의 혁신적인 마인드를 우러러 본다.

혁신의 양면성

언제부터인가 혁신은 그 자체로 신봉의 대상이 되었다. 현대의 모든 기업은 대부분의 부서에서 혁신을 추진하고 있으며 "혁신 없이는 살아남을 수 없다"는 강박관념을 가지고 있다. 하지만 비즈니스를 시작하는 데 있어서 혁신의 필요성에 대해 냉정히 짚어볼 필요가 있다. 막연히 혁신을 해야겠다는 고정관념 아래 혁신적인 신제품을 출시하거나, 신사업 진행을 맹종하고 있지는 않은가?

스티브 잡스와 같이 여러 번의 실패가 허용되는 상황이라면 다양한 시도를 할 수 있다. 리스크 분산이 가능한 대규모 기업은 혁신을 시도할 여력이 있다. 하지만 대규모 기업조차도 혁신을 시도하지 못하는 아이러니가 있다. 규모가 큰 기업일수록 기업을 지배하고 있는 문화, 시스템, 인적 역량 등 혁신의 걸림돌이 많기 때문이다. 결론적으로 혁신 사업을 추진하기 위해 대기업에서는 여러 악조건을 극복해야 하며, 작은 기업에서는 회사의 존망을 걸고 추진하는 수밖에 없다.

나는 컨설팅을 수행하면서 작은 기업들에게는 우선 "혁신적인 신사업은 언제나 대단히 위험하다"라는 점을 주지시킨다. 신사업을 시작하고 변화를 도모할 때 성공보다 실패할 확률이 압도적으로 높다. 널리 알려진 3000대 1의 법칙에서도 알 수 있듯이 3000개의 아이디어 중에서 상업적으로 성공할 수 있는 것은 단 한 개에 불과하기 때문이다.

도입기 통곡의 벽, 캐즘

대중적인 시장이 열려있지 않은 산업의 단계를 도입기라고 한다. 도입기에는 사업의 성공 확률이 매우 낮다. 때문에 충분한 조건이 맞지 않으면 진입하지 않는 것이 좋다. 도입기에 성공이 어려운 이유는 성장기로 넘어가는 데 거대한 간극인 '캐즘chasm'이 있기 때문이다. 따라서 혁신 사업은 대부분 도입기 시장에 갇혀있을 수밖에 없다. 무리하게 많은 자본을 투입하여 도입기 시장에 갇히게 되면 수익성이 낮아 결국 사업을 철수해야 한다. 도입기에 캐즘을 넘지 못하고 시장이 축소되는 경우와 쇠퇴기에 매출이 감소하는 것을 혼동할 수 있는데, 이에 대한 가장 정확한 구분 방법은 일반 대중이 사용하고 있는가의 여부다. 여기서 일반 대중이란 자신의 필요에 의해서가 아닌, 주변에서 사용하기 때문에 덩달아 쓰게 된 고객군을 말한다. 도입기에는 이 일반 대중이 반응하지 않고 기술 애호자 또는 얼리어답터 고객들만 제품을 찾아 쓰게 된다.

캐즘을 넘는 네 가지 기본 조건은 첫째, 시장이 제품을 받아들일 수 있도록 충분히 무르익어 있을 것 둘째, 고객 니즈에 대한 대체재 또는 보완재로써 가치를 증명할 것 셋째, 대중 다수가 쉽게 사용을 할 수 있도록 보틀넥bottleneck, 즉 장애를 제거하고 '완전완비제품Whole Product'을 구성하고 있을 것 넷째, 대중의 폭발이 일어나도록 임계 규모를 넘어서는 것이다. 위 네 가지 조건을 충족시킬 경우 캐즘을 넘어 시장의 폭발을 일으켜 급성장할 수 있으나, 그렇지 않을 경우 캐즘을 넘지 못하고 도입기에 머물러 한정된 시장에 갇히게 된다.

도입기의 성공 법칙 1
시장이 녹을 때를 기다려라

2010년경, CEO가 시승 중 절벽에서 떨어져 사망하며 충격을 주었던 세그웨이는 아직까지 고객에게 받아들여지지 않는 혁신적인 제품이다. 하지만 이 역시 캐즘을 넘지 못하고 아직도 도입기에 머물러 있다. 친환경적인 제품으로 '서서 타는 두 바퀴 전동 스쿠터'인 세그웨이는 기능적인 메커니즘과 혁신적인 기술 덕분에 출시 당시부터 많은 이의 주목을 받았다. 당연히 이동 수단 발전에 한 획을 그을 것으로 기대됐다. 하지만 아직 미개척 시장임에도 불구하고 너무 높은 가격, 차도와 인도 중 어디에서도 적절하지 못한 이동 속도로 인해 한정된 고객층에게만 팔리는 제품이 되고 말았다.

1990년대 초, 국내에 처음으로 패밀리레스토랑 개념을 들여온 TGIF는 오랜 기간 도입기에 머물렀다. 해외에서는 소비자들이 패밀리레스토랑의 개념을 잘 알고 있고 제품/서비스에 대한 공감대가 형성되어 있었기 때문에 성장이 쉬웠다. 하지만 당시 국내에서는 생소한 개념과 이질적인 메뉴 때문에 일반 대중들에게는 오랜 기간 외면당했다. 따라서 경제력이 있고 모험적 성향의 특정 고객들만 TGIF를 이용함으로써 대중화에 실패했다. 이러한 패밀리레스토랑 시장은 2000년대 초 급성장하기 시작했다. 아웃백 스테이크하우스, 베니건스 등의 외국 브랜드를 필두로 VIPS와 같은 국내 브랜드가 가세하며 패밀리레스토랑의 전성기를 맞이했다. 이러한 성장의 근본적 원인은 무엇일까? 단순히 서비스의 품질이 향상되어서 일까?

도입기를 맞이한 혁신 신사업은 일반 대중에 큰 반향을 불러일으키기까지 오랜 기간이 걸린다. 고객은 경험 및 학습을 통해 새로운 제품에 대해 인지하지 않으면 섣불리 먼저 사용하려 하지 않는다. 일반 대중이 제품을 받아들일 준비가 될 때까지 꾸준히 제품의 개념을 의식적 또는 무의식적으로 주입할 필요가 있다. 대중적인 인지와 공감대가 형성되면 캐즘을 넘을 준비가 된 것이다. 국내 패밀리레스토랑 시장은

2000년대 초 일반 대중의 공감대가 형성되어 마침내 캐즘을 넘을 수 있었다.

현실적으로 이야기하여 도입기에 뛰어들어 일반 대중 시장으로 성장시키기 위해서는 소위 '전 국민 교육비'를 지불해야 한다. 이러한 국민 교육 단계에 투자할 시간과 자금이 아깝지 않은가? 따라서 나는 극단적 상황이 아니라면 이러한 도입기에는 자원을 소모하지 말고 기다리라고 조언한다. 적절한 때가 오면 성장기에 접어들 것이고 그 때 자원을 투입해도 늦지 않다. 도입기에 준비할 수 있는 것은 브랜드 구축이다. 큰 성장을 목표로 공격적인 경영을 하기 보다는 수익성 위주로 브랜드를 구축하고 노하우를 쌓아 진입 장벽을 높이는 것이 현명하다.

애플은 2007년 새로운 개념의 핸드폰인 아이폰을 출시할 당시, 도입기에 있는 스마트폰 시장에서 브랜드 구축을 원했다. 애플은 판매 가격 599달러로 프리미엄 이미지를 추구했다. 하지만 애플의 예상과 다르게 기존의 PDA, 핸드폰, MP3 플레이어 등을 통해 이미 소비자의 머릿속에 스마트폰 개념이 쉽게 전파될 수 있었다. 시장은 폭발적인 반응으로 캐즘을 넘을 조짐이 보였다. 따라서 애플은 서둘러 가격을 399달러로 인하하고 양산 체제에 들어감과 동시에 전폭적인 마케팅을 펼쳐 캐즘을 넘어 급성장할 수 있었다. 도입기와 성장기의 전략을 다르게 가져간 대표적인 사례라고 할 수 있다.

그렇다면 도입기는 일반적으로 얼마나 걸릴까? 이에 대한 정답은 없다. 내 경험상 산업별 편차를 고려할 때 일반적으로 10년 내외다.

'10년이면 강산도 변한다'는 옛말도 있다. 상당히 길지 않은가? 토마스 쿤이『과학혁명의 구조』에서 말한 것처럼 인간의 의식구조 변화도 빠르지 않다. 패러다임의 전환이 필요하기 때문이다. 산업이 도입기를 넘어 성장기로 진입하는 것을 한 발 먼저 감지하여 성공을 이루려는 시도는 좋지만, 섣불리 도입기 시장에 뛰어들어 거인과 맞서려는 우를 범하지 말아야 한다.

국내 모바일 개발 회사인 하비투스는 2010년 막대한 비용을 투자하여 개발한 위치기반 게임 'City of Oz'를 출시했다. 위치기반 서비스에 SNGSocial Network Game 개념을 도입한 이 게임은 큰 파장을 일으킬 것으로 예상되었다. 하지만 위치기반 SNG 시장은 도입기에 머물러 있었다. 고객은 생소한 개념의 위치기반 게임에 대해 어색해 했다. 그 후 3년 넘게 캐즘을 넘지 못하고 도입기에 머물렀다. 결국 계속되는 적자로 인해 하비투스는 2013년 'City of Oz' 서비스를 종료했다.

도입기의 성공 법칙 2
갈아탈 만한 상대일까?

만일 현재 교제하고 있는 연인이 있다고 하자. 그런데 눈길을 끌 만한 새로운 이성이 눈앞에 나타났다면 당신은 엄청난 고민을 하게 될 것이다. 외모, 직업, 성품 등 모든 면을 기존의 이성과 비교하게 될 것이다. 만약 새로운 이성이 좋은 조건을 가지고 있다 하더라도 기존에 교제하던 이성과의 만남을 정리하는 것은 매우 어려울 것이다. 이미 시장에 존재하는 제품을 사용하고 있는 고객들은 교제하는 이성이 존재하는 것과 같다. 일반적으로 고객들이 사용 중인 제품을 버리고 새로운 제품을 선택하는 경우는 흔치 않다. 이전과 비교해 정말 월등한 조건이 아니라면 인간은 쉽게 새로운 시도를 하지 않는다.

'강아지 이동 목욕탕', '직장인 넥타이 대여점' 등은 2004년 대한민국 희망 프로젝트에 선보인 예비 창업자의 창업 아이디어들이다. 사오정, 이태백 등 신조어에서 볼 수 있듯이 평생직장의 개념이 없어지고 취업이 불안정해졌다. 자영업에 대한 니즈가 커지면서 창업 아이템들이 쏟아져 나왔다. 무심코 지나쳤던 불편함을 해결하는 매우 기발하고 참신한 아이디어로 관심과 기대를 모았다. 하지만 10년이 지난 현재 사업화된 아이디어는 거의 없다. 혁신적인 아이디어인데 왜 상업적으로 성공하지 못했을까? 많은 개인사업자들이 준비 없이 일단 사업을 시작하는 경우가 많기 때문이다. 아이디어성 아이템으로 사업을 시작한 결과 실패를 경험하게 되는 것이다. 준비가 부족한 이유는 사업성 분석 방법을 모르거나 논리적으로 성공을 증명하는 도중 벽에 막혀 포기하기 때문이다. 사업을 성공시키려 한다면 '왜 팔릴지'를 논리적으로 설명할 수 있어야 한다.

혁신적인 사업을 시작하는 데 있어서 가장 중요한 요소는 '소비자의 니즈를 충족시킬 수 있는가'이다. 이를 파악하기 위해 '대체재 또는 보완재'로써 역할을 할 수 있는지를 판단해야 한다. '강아지 이동 목욕탕'의 경우, 강아지를 키우는 사람들은 일반적으로 강아지 목욕에 어려움을 느끼고 있다. 이에 대한 해결 방안으로 사람들은 직접 노력을 들여 목욕을 시키거나, 값비싼 애견 미용실을 이용한다. 그렇다면 '강아지 이동 목욕탕'이 애견 미용실의 대체재가 될 수 있을까? 목욕 서비스 외에 간단한 미용 서비스, 편리함, 적당한 가격 등이 갖춰지지 않으면 애견 미용실을 대체하기 어렵다. 더불어 애견 미용실에서 제공하지 않는 목욕 특화 서비스를 제공하지 않으면 애견 미용실의 보완재로써의 성공 또한 어렵다. 소비자의 선택을 바꾸기 위해서는 기존의 제품보다 '1.5배 이상'의 높은 가치를 제공해야 한다.

혁신적인 신제품이 대체재 또는 보완재로써의 역할을 할 수 있을 지에 대한 판단은 어떻게 할까? 이에 대해서는 혁신 방법론을 적용하여 분석하는 것이 필요하다. 혁신 방법론은 '근본 문제 정의, 지표 도출 및 방안, 장벽 정의, 고객 해결 방안 분석, 혁신 해결 방안 도출' 등 다섯 가지 단계에 걸쳐 수행한다.

[Case 분석] 네오펙트의 혁신 방법론 적용

IT기반 재활 치료 전문회사인 네오펙트는 혁신 방법론을 통해 도입기 시장 전략을 성공적으로 수행한 대표적 사례다. 네오펙트는 2013년 뇌졸중 재활 치료 시장에 진출하기 위한 계획을 수립했다. 당시 규모가 작고 낮은 성장세를 보이는 도입기였지만 잠재 니즈가 크다는 것을 파악하고 도입기 시장에서의 혁신 방법론을 활용하였다.

1) **근본 문제 정의**: 표면적 고객 행동이 아닌 니즈를 가져오게 된 본질적 원인 – 뇌졸중 재활 치료 환자는 운동 재활 치료에 대한 니즈가 강렬했다. 이에 대한 근본 문제는, (1)최소한의 평상시 활동을 하고 싶으며 (2)남에게 불편함을 보이지 않는 것이었다.

2) **지표 도출 및 방안**: 근본 문제를 속성별로 지수화하고 목표 수치 도출 – 근본 문제에 대한 지표로써 '활동 가능 지수', '도움 필요 정도'의 두 가지를 도출하였는데, 고객은 혼자 수행해야 하는 활동의 적당한 수준만 넘으면 되고, 남이 보았을 때 동작이 좀 느리다고 판단할 정도면 되었다. 따라서 한자 혼자 수행할 수 있는 행동 케이스 도출 및 최소 목표치 도달 방안을 도출하였다.

3) **장벽 정의**: 본질적 문제 해결을 방해하는 장벽 분석 – 뇌졸중 재활 치료에는 다음 두 가지 장벽이 있었다. 고객이 힘든 재활 치료를 꾸준히 진행할 의지를 수시로 제고해야했으며, 의사 및 치료사와 상담하기 위해 주기적으로 재활 병원에 방문해야하는 불편함을 걱정했다.

4) **고객 해결 방안 분석**: 현재 고객이 장벽을 해결하는 방안 분석 – 고객은 지인 및 도우미를 통해 재활 운동을 꾸준히 하도록 재활 의지를 외부로부터 공급받고 있었다. 또한 비용을 들여 병원을 방문하는 데 도움을 받거나 병원에 입원하여 장벽을 해결하였다.

5) **혁신 해결 방안 도출**: 근본 문제를 해결하는 혁신 방안 도출 – 고

객의 의지를 꾸준히 제고하기 위해 동작 인식 IT기기를 이용한 재활 치료 도구를 이용하여 게임 및 흥미위주의 프로그램을 통해 의지를 꾸준히 제공하는 솔루션을 제공했다. 또한 재활 치료 진행 상황 정보를 눈으로 확인시켜주고 유사 치료 커뮤니티를 소개하여 치료 의지를 공유하는 등의 방안을 통해 고객 의지 문제를 해결했다. 또한 데이터 분석을 통한 환자 유형별로 최선의 치료 방안을 제시하며 병원 방문 및 입원 필요성을 최소화함으로써 방문 문제를 해결했다.

위와 같은 혁신 방법론을 통해 고객이 기존에 직접 재활 의지를 증대하는 노력과 재활 병원 방문 비용을 줄이는 대체재의 가치를 증대시켰다. 네오펙트는 대체재 및 보완재로써의 역할을 명확히 함으로써 도입기의 보수적인 고객들에게 높은 가치를 제공하는 것을 증명하고 성장기로 시장을 확대할 수 있었다.

도입기의 성공 법칙 3
고객 톱니바퀴를 만들어라

20세기 후반 시작된 PDA 시장을 보자. 매우 편리한 기능을 갖춘 PDA는 출시 초기에 반짝 반향을 불러일으키는 데 그쳤다. 초기 기대와는 달리 대중적인 인기를 끌지 못한 채 쇠퇴기를 맞이했다. 하지만 애플의 아이폰이 출시되자 순식간에 전

세계적인 돌풍이 불며 스마트폰 시장은 성장기로 돌입하게 되었다. 그렇다면 PDA와 스마트폰의 차이는 무엇일까?

도입기에는 얼리어답터 고객군이 반짝 반응한다. 하지만 얼리어답터 고객의 수는 매우 적다. 그들이 충분히 사용하고 나면 시장 정체 현상이 나타난다. 도입기에서 성장기로 넘어가는 사이의 장벽인 캐즘을 넘어서면 시장의 폭발이 일어나며 본격적인 성장기에 돌입하게 된다. 하지만 대부분의 혁신 제품은 이 캐즘을 넘지 못하고 한정된 소수 고객군에게만 팔리고 사장된다.

PDA 역시 캐즘을 넘지 못했다. 충분히 편리하고 혁신적인 제품이었지만 대중적인 인기를 얻기에는 무엇인가 부족했다. 또한 당시에 PDA라는 개념도 일반 대중에게는 생소하여 제품에 익숙해지기까지 시간이 필요했다.

2000년대 출시된 스마트폰은 기술만을 놓고 보면 혁신적인 제품은 아니었다. 무선통신, MP3, 터치패드, 동영상 기능 등의 모든 기술은 이미 충분히 개발된 상태였다. 하지만 이러한 기존의 기술을 조합하여 고객의 니즈를 모두 해결한 스마트폰은 '완전완비제품'이 되어 캐즘을 넘을 수 있었다.

'완전완비제품'이란 제품의 장애를 모두 제거한 제품을 의미한다. PDA는 기술에 민감한 얼리어답터 고객들에게 어필할 수 있었지만 비싼 가격과 사용의 불편함은 일반 대중에게 장애 요인으로 작용했다. 하지만 스마트폰은 전문가가 아닌 일반 대중이 사용하기에 불편함이 없도록 모든 장애를 제거했다. 가격, 통화, 디스플레이 등이 완전하게 대중의 니즈를 해결하여 캐즘을 뛰어넘은 것이다. '완전완비제품'은 사용상의 걸림돌을 모두 제거한 제품이지만 반드시 최첨단 기술일 필요는 없다.

최근 각 글로벌 IT기업들이 최신 기술 역량을 집결하고 있는 분야는 '웨어러블wearable' 스마트 기기다. LG전자에서는 세계 최초로 상용화된 '플렉서블flexible' 스마트폰을 출시하였고, 삼성전자에서도 스마트워치인 갤럭시 기어를 내놓으며 웨어러블 시대가 도래할 것임을 천명했다.

하지만 웨어러블 스마트 기기는 현재 캐즘을 넘지 못하고 있다. 모든 기술이 완료되었지만 배터리 성능과 유연한 회로기판 기술이 장벽으로 작용하고 있기 때문이다. 장벽이 제거되고 모든 기술이 일정 수준을 넘을 경우, 고객의 니즈에 맞는 기술 조합에 의해 '완전완비제품'이 탄생하여 시장의 폭발을 일으키게 될 것이다.

앞서 언급한 패밀리레스토랑 사례에서도 아웃백 스테이크하우스는 캐즘을 뛰어넘는 '완전완비제품'을 개발했다. 1990년대 초반 패밀리레스토랑 기업들은 마니아층을 겨냥한 높은 가격의 메뉴들을 구성하고 있었다. 전형적인 도입기를 버티고 있는 상황에서 TGIF는 가장 높은 인지도와 마니아 충성 고객층을 확보하고 있었다. 하지만 시장이 충분히 녹고 성장기로 접어들 때의 승자는 아웃백 스테이크하우스였다. 아웃백 스테이크하우스는 20대를 타깃으로 인기 메뉴를 앞세워 유행 고객군의 입맛을 잡고 통신사 할인 등으로 가격 부담을 줄임으로써 패밀리레스토랑의 '완전완비제품'을 구성했다. 이 '완전완비제품'은 일반 대중의 폭발적인 반응을 불러 일으켰고 패밀리레스토랑 시장의 급성장을 가져왔다.

'완전완비제품'이 시장에 나오는 경우, 그동안 시장에서 반응하지 않았던 대중 고객군이 반응하기 시작한다. 그 중 가장 빨리 반응하며 어떤 유행을 전파시키는 데 매개체가 되는 고객군을 '스니저Sneezer'라고 한다. 이 스니저 고객군은 품질과 가격에 매우 엄격하고 합리적으로 구매한다. 스니저 고객군이 반응하면 이를 추종하는 일반 대중들은 스니저를 믿고 연쇄 구매를 일으킨다. 이것이 캐즘을 넘는 성장 시장의 시작 과정이다.

도입기 성공 법칙 4
물은 적을수록 빨리 끓는다

"김치를 넣는 냉장고가 따로 있다고?" 도곡동에 사는 주부 김지영 씨는 옆집 최 씨 아줌마의 이야기에 깜짝 놀란다. 일반 식품 냉장과 김치 냉장은 신선도를 유지하는 조건이 다르므로 구조적으로 다른 냉장고에 보관해야 한다는 이야기였다. 처음 듣기에 얼토당토아니한 이야기여서 그냥 흘려듣고 무시했다. 하지만 아래층의 박 씨 아줌마도 얼마 전 김치 전용 냉장고를 구매했다는 소식을 접하자 놀라움을 넘어 궁금해지기 시작했다. 정말로 김치를 넣는 냉장고가 따로 필요한 것일까? 이틀 후 아파트 옆동의 절친 홍 씨 아줌마가 김치냉장고를 구매할 예정이라는 이야기를 듣게 되자 김치냉장고가 정말 필요한 것이라고 믿게 되었다. 김지영 씨는 유행에 뒤질까 여기저기 전화해보며 김치냉장고의 종류 및 가격에 대해 알아보기 시작한다.

위 사례는 위니아만도 김치냉장고의 성장 스토리다. 냉장고 제조회사인 위니아만도는 1990년 후반, 냉장고 사업의 매출을 증대시키는 데 한계를 느끼고 있었다. 가정에서 필요한 식품 냉장 공간이 더 필요하다는 니즈는 분명히 있었지만, 한 가정에서 두 대 이상의 냉장고를 두는 것은 당시의 통념과는 맞지 않았다. 따라서 위니아만도는 김치 전용 냉장고를 만들어 판매하기 시작했다. 하지만 김치 전용 냉장고는 극히 일부의 주부들만이 반응했다. 김치냉장고라는 개념을 소비자에게 주입하여 공감대를 형성하는 데는 시간이 필요했다. 다양한 홍보와 마케팅 활동들을 펼쳤지만 성과는 기대에 크게 못 미쳤다. 위니아만도는 궁여지책으로 도곡동의 한 아파트 단지를 대상으로 무료 체험 행사를 실시했다. 김치냉장고를 수개월간 사용해본 후 구매하게 하는 마케팅을 펼쳤던 것이다. 그러자 아파트 단지 내의 주부들 사이에서 김치냉장고가 주요 이슈로 떠올랐다. 급기야 입소문을 타고 김치냉장고의 구매가 급속도로 확산되었다. 강남의 주부들 사이에 인기를 끈 김치냉장고는 차차 다른 지역으로 전파되었으며 결국 전국적인 붐을 이루며 급성장할 수 있었다.

김치냉장고는 당시 소비자의 니즈를 정확히 파악한 제품으로 기존 냉장고의 보완재로써의 가치를 충분히 가지고 있었다. 일반 대중들이 사용하기에 불편함이 없는 '완전완비제품'의 요건을 갖추었던 것이다. 하지만 오랜 기간 도입기를 거치면서 서서히 시장에 알려졌고 좀처럼 폭발적인 구매가 일어나지는 않았다. 충분히 시장이 녹았지만 확산이 일어날 계기를 마련하지 못했기 때문이다. 이러한 상황에서 확산이 일어날 특별한 계기를 시장에 제시하지 못한다면 캐즘을 넘지 못하고 사장되고 만다. 이 때 중요한 점은 캐즘을 넘을 수 있는 '임계질량critical mass'을 채우는 것이다. 성장 시장에 돌입하기 위해서는 크리티컬 매스를 넘어야 한다. 크리티컬 매스는 유행을 선도하는 스니저 고객군의 소수 그룹 크기와 같다.

3의 법칙

3의 법칙이란 집단 동조 현상의 유형으로써 인간은 남을 따라 하는 성향이 있고, 그룹에서 소외되는 것을 두려워하는 심리에 의해 나타나는 법칙이다. 자신 주변의 한 명이나 두 명만으로는 사람들의 관심을 끌기 어렵지만 세 명이 되면 사람들의 관심을 끌고 변화시킬 수 있다는 것을 의미한다. 세 명의 사람이 필요한 이유는 세 명은 인간이 집단이라고 인식하는 최소한의 요건이기 때문이다. 도입기에서 성장 시장으로 넘어가기 위해서는 고객 주변의 세 명이 필요하다. 김치냉장고 사례에서 볼 수 있듯이 아줌마 집단에서 세 명이 사용하면 그 집단은 모두 사용하는 현상이 발생한다. 이러한 방식으로 소속 집단 간 도미노처럼 전체 고객에게 유행이 전파된다. 따라서 집단에 집중적으로 유행을 일으키는 것이 중요하다.

유행이 시작되는 데 필요한 최소한의 고객 수가 크리티컬 매스다. 3의 법칙에서 '3'이 크리티컬 매스인 것이다. 크리티컬 매스의 크기는 상황 및 전략에 따라 다르게 측정된다. 집단 간 도미노 현상에서 볼 수 있듯이 응집력이 강한 하나의 고객군으로부터 유행을 시작하는 것이 상대적으로 용이하다. 이럴 경우 크리티컬 매스가 작은 것이다. 반면에 전 국민을 대상으로 넓은 범위에서 유행을 일으키려한다면 타깃 고객군이 분산되어 유행이 일어나기 힘들다. 크리티컬 매스의 범위가 너무 커져 상대적으로 응집력이 약화되기 때문이다. 대부분의 유행은 응집력이 강하고 선망의 대상이 되는 고객 그룹으로부터 시작된다.

Facebook은 응집력이 강하고 선망의 대상이 되는 하버드 대학교의 교내 소셜 네트워크에서부터 유행이 시작되어 파급되기 시작했다. Facebook은 학생 서로의 정보를 교류하고 소통하는 공간을 마련하여 하버드 대학교 학생들이 폐쇄된 네트워크 내에서 응집력 있게 모여 활용하는 데 성공했다. 초기에는 이를 선망하는 타 학교에 파급시켰으며, 이후에는 전 세계적으로 퍼져나가는 선순환 궤도에 오르는 데 성공했다. 이렇듯 선순환 궤도에 오르기 위해서는 크리티컬 매스에 도달하는 것이 필요한데, 사회적 관심의 집중을 위해 사용자들이 거의 동시에 사용해야 한다는 딜레마가 있다. Facebook과 같은 '소셜 네트워크 서비스SNS'를 혼자 이용할 수는 없지 않은가. 주변의 지인들이 일정 규모 이상 사용해야 소셜 네트워크 서비스를 시작할 수 있게 된다. 대부분 사업 초반에는 단기간에 많은 사용자를 유치하는 것이 중요한데, 이는 죄수의 딜레마와 같다.

죄수의 딜레마

두 명의 범인이 경찰에 잡혔다고 가정해보자. 이들이 범행을 자백하지 않기로 한 약속을 끝까지 지키면 둘 다 가장 적은 처벌을 받게 된다. 하지만 어느 한쪽이 먼저 자백하면 자백한 쪽은 가벼운 처벌만 받고 풀려나는 반면 다른 한쪽은 무거운 처벌을 받게 된다. 두 범인이 집단행동을 하여 약속을 지키면 모두에게 이익이지만, 서로를 각기 다른 방에 가둬 심문하면 서로를 믿지 못하니 둘 다 자백하고 만다. 결국 두 범인 모두 무거운 처벌을 받게 된다. 이런 상황을 가리켜 '죄수의 딜레마'라고 한다.

도입기에는 대부분의 기업이 이와 비슷한 딜레마에 빠지게 된다. 사업 초기에는 경험 축적이 부족해 품질은 낮은데 반해 원가는 높을 수밖에 없다. 그 이유는 반응 고객의 수가 적기 때문이다. 이를 해결하기 위해 많은 고객을 단기간에 유치하여 경험을 쌓고 품질을 높여야 한다. 그러면 대량 수요가 일어나 가격은 낮아지고 제품의 질은 올라가는 선순환 궤도에 오르게 된다. 앞서 언급한 크리티컬 매스를 채우는 것이 선순환이다. 이를 위해 기간과 타깃 고객군을 좁히는 전략이 필요하다.

chapter2

성장기의 성공 법칙

차별화하지 말라

자동차 왕 헨리 포드는 1908년 'T형' 자동차를 생산하며 "앞으로 포드라는 상표를 붙인 자동차는 모두 똑같은 모양, 똑같은 성능, 똑같은 색깔을 갖게 될 것이다"라고 선언했다. 자동차 고객의 요구를 충실히 반영하여 차별화를 추구했던 당시 자동차 업계에서는 이해하기 어려운 발상이었다. 경쟁 업체 관계자는 포드가 망하려고 작정했다며 환영했다. 포드의 동업자로 함께 포드 자동차를 창립했던 알렉스 맬컴슨마저 포드 주식을 팔고 회사를 떠났다.

포드는 고객의 사소한 요구를 모두 무시하고 획일화된 T형 자동차의 양산에 들어갔다. 결과는 헨리 포드의 승리였다. 시장은 T형 자동차에 폭발적으로 반응했다. 포드의 T형 자동차는 출시 5년 만에 지구상의 자동차 100대 중 68대를 차지할 정도였다. "미국의 자동차 시대를 열다"라는 말이 나올 정도로 자동차의 대중화를 이끈 눈부신 성과를 거두게 되었다. 그렇다면 차별화를 포기하고 획일적인 제품을 밀어붙여 성공을 거둔 비결은 무엇일까?

'차별화'는 대부분의 기업이 추구하는 목표다. 고객에게 어필하기 위해 차별화 포인트를 강조하고 차별화된 제품과 차별화된 서비스를 내세운다. 이러다 보니 '차별화'라는 단어를 '우월함'으로 혼동하는 우를 범하기도 한다. 차별화를 무조건 좋은 것으로 인식하는 것은 매우 위험하다. 차별화는 나의 제품을 다른 제품들과 다르게 만든다는 것이다. 이러한 행위에는 다른 제품이 해결하지 못하는 특정 니즈가 존재한다는 전제가 깔려있다. 하지만, 언제나 다른 특정한 니즈가 존재하는 것은 아니며 아직 기본 니즈가 산더미처럼 쌓여있을 수도 있다. 기본 니즈를 해결하지 못한다는 것은 신발 재고 부족으로 난리가 난 시장을 목전에 두고 맨발의 아프리카 부족에게 신발을 파는 것이 마케팅이라며 신발을 안 신는 사람에게 신발을 팔려는 것과 마찬가지 상황이다.

"고객은 '자동차'라는 것을 타고 싶을 뿐이다. '어떤' 자동차인지는 중요치 않다." 포드는 간략하게 성장기 법칙을 정리했다. T형 자동차를 생산할 당시, 대중이 원했던 것은 개인적 취향이 반영된 비싼 자동차가 아닌 그냥 저렴한 '탈 것'이었다. 부자들의 전유물이었던 자동차를 일반 대중들도 타고 싶다는 니즈가 충만해 있었고, 포드는 그 점을 간파한 것이다. 이런 시기에는 수요가 공급을 초과하는 현상이 나타나므로 공급에 전력을 다해야 한다. 부자들의 잔소리와 요구에 하나하나 신경 쓸 필요가 없었던 것이다.

성장기의 성공 법칙 1
무조건 따라하라

1990년대 수입 트래디셔널 유행을 몰고 온 폴로 랄프로렌은 1980년대 초반 한국에 상륙했다. 당시 높은 가격과 낮은 인지도 때문에 10년이 넘는 오랜 도입기를 거쳤다. 폴로는 1990년대에 한국에서 선풍적인 인기를 끌게 되는데, 트래디셔널의 '고풍스럽고 무난한' 특징에도 불구하고 국내의 젊은층에게 크게 어필하여 패션리더들의 필수 아이템이 되었다.

당시 높은 성장을 구가하며 거칠 것이 없던 폴로의 아성을 무너뜨린 브랜드는 제일모직의 빈폴이었다. 폴로, 노티카 등 트래디셔널 의류의 성장성을 감지한 제일모직은 폴로의 미투 제품인 빈폴 브랜드로 맞대응 하게 된다. 초기 트래디셔널 의류 시장의 성장은 폴로 등 수입 브랜드들이 견인했지만 강력한 채널과 영업망을 앞세운 빈폴은 2010년대에 이르러 30% 이상의 시장점유율을 기록하며 절대 강자로 등극하게 되었다.

빈폴의 사례는 성장기의 성공 법칙을 적절히 구현한 사례로 볼 수 있다. 성장이 시작되는 것을 명확히 감지하고 폴로의 제품 디자인 및 브랜드 이미지를 그대로 모방하여 성장기의 시류에 올라탄 경우다. 타임머신을 타고 1990년대 후반으로 가보자. 실제로 당시 유행하던 트래디셔널 의류를 모방하지 않고 얼리어답터를 대상으로 스키니진을 출시했으면 어떻게 되었을까? 아마도 성장의 흐름을 타지 못하고 일반 대중이 아닌 특정 소수 고객군에게만 팔렸을 것이다.

포드의 관점에 의하면 1990년대 후반 한국의 고성장 트래디셔널 의류 고객에게 "'어떤' 트래디셔널인지는 중요치 않다. 고객은 트래디셔널을 입고 싶을 뿐이다"로 설명할 수 있다. 트래디셔널 의류가 일반 대중에게 유행이 되고 주변에서 하나 둘씩 입게 되면, 보수주의자들은 자신의 필요에 의해서가 아닌 남들에게 뒤쳐지고 싶지 않아서 입게 된다. 이들에게 폴로와 빈폴의 미세한 차이는 전혀 중요하지 않다. 이때 일반 대중의 심리는 이렇다. "차라리 폴로와 빈폴 디자인이 똑같았으면 좋겠는걸. 어느 것이든 가격이 낮은 것을 살테니. 남들과 비슷해지고 싶어." 이런 고객의 마음을 읽고 있는 당신은 '차별화'하고 싶은가?

결국 빈폴은 폴로를 제치고 트래디셔널 1위 자리에 오르게 된다. 또한 뒤늦게 쫓아온 또 다른 유사 트래디셔널 의류인 LG패션의 헤지스도 마찬가지로 성장 시류에 몸을 싣고 매출 성장을 이루었다. 하지만 당시의 차별화를 추구하며 독자적인 노선을 걸었던 메이폴, 에드윈 등은 트래디셔널 유행이라는 거대 시류의 혜택을 받지 못하며 성장 대열에 합류하지 못했다.

성장 시장을 인지했다면 내재된 거대 니즈에 대해서는 의심하지 말고 성장 제품을 모방하는 것이 최선의 전략이다. 성장 시장에서 중요한 점은 똑같은 제품을 얼마나 많은 대중에게 얼마나 빠르고 저렴하게 공급하느냐이다. 차별화나 제품의 품질 개선보다는 공급력 강화에 자원을 쏟는 전략이 필요하다.

올해로 탄생 101주년을 맞는 초코 샌드 쿠키 오레오는 1912년 출시 이후 세계인의 입맛을 사로잡으며 20세기에 가장 많이 팔린 과자류 중 하나로 손꼽힌다. 지금도 연간 75억 개 가량이 소비되는 등 인기를 누리고 있다. 국내에서는 2000년에 들어와 오레오를 필두로 초코 샌드 쿠키의 고속 성장 시대가 열렸다. 해외 식품 및 시리얼, 케이크, 아이스크림 성장과 더불어 초코 샌드 쿠키는 급성장 시류를 타고 성장했다. 이러한 성장 시장을 함께한 제품으로 오리온의 까메오, 롯데제과의 롯데샌드 깜뜨를 들 수 있다. 이 제품들은 국내 기술력으로 탄생하였으며 오레오의 특징을 정확하게 파악하고 이미지 효과를 지렛대 삼아 국내 시장을 장악하는 데 성공했다.

오레오는 국내 시장 도입기 당시, TV광고 등을 통해 오레오의 친숙한 이미지를 각인시키고 '비틀어 크림을 맛보고 우유에 퐁당'이라는 오레오 만의 시식법을 유행시켰다. 도입기에 충분히 브랜드를 구축하고 전 국민 교육을 시켰지만, 일반 대중이 느끼는 것은 그에 대한 어렴풋한 이미지뿐이다.

일반 대중은 이미지가 비슷하다면 같은 제품으로 인지하며 정통성이 없다고 해도 개의치 않는다. 심지어는 신규 브랜드가 단점 보완 및 품질 개선을 했을 것으로 믿는다. 결론적으로 성장 시장에서는 도입기에 닦아놓은 제품의 장점과 녹아있는 시장을 최대한 활용하여 시장을 장악하는 것이 중요하다.

성장기의 성공 법칙 2
고객의 요구를 무시하라

국내 DB시장 점유율 60% 이상을 기록하고 있는 오라클은 20세기 후반, IT산업의 발전에 힘입어 관계형 데이터베이스 시장에서 급성장을 이룩했다. 1990년대 초반까지만 해도 전 세계 DB시장의 강자는 사이베이스와 인포믹스, DB2 등이었으며 오라클은 경쟁에서 한 발짝 뒤에 있었다. 하지만 1990년대 들어 DB시장은 기술 중심의 도입기를 거쳐 캐즘을 넘어 성장 시장에 돌입하자 상황은 완전히 달라졌다. 오라클은 DB시장의 성장세를 감지하고, 이에 맞춰 초고속 확장 전략을 수행했다. 이 당시 데이터베이스의 기술적 격차는 미미했으며, 일반 소비자는 작은 기술적 차이에 까다롭지 않았다.

대신 소비자의 니즈는 강렬했다. 일단 관계형 DB를 도입하는 것이 절실했다. 시스템 구축, 홈페이지 개발, 전산 업그레이드 등 IT사업들이 잇달아 발생하며 수요가 공급을 앞지르는 전형적인 성장 시장의 모습이 나타났다. 오라클은 영업망을 늘리고 제품 공급에 전력을 기울였다. 오라클은 고객의 까다로운 요구는 최대한 지연시키고 확장에만 집중했다. "제품을 전달하고 고객이 포장을 뜯기 전에 돌아서 나와라"라는 말이 있을 정도로 오라클은 공격적인 영업을 전개했다. 그 결과 오라클은 관계형 DB시장에서 돌풍을 일으키며 시장을 장악할 수 있었다. 1996년부터 2000년까지 짧은 기간 동안에 오라클의 수익은 42억 달러에서 100억 달러로 성장했다. 국내 DB시장에서도 한국오라클은 60% 이상의 시장점유율을 기록하며 부동의 1위를 고수하고 있다.

도입기 또는 성숙기의 시장에서는 고객의 세밀한 요구에 대응하여 최적 제품을 전달하는 것이 중요하다. 그 이유는 새로운 고객의 수요가 없고 제품의 사용 경험이 있는 기존 고객에게 팔아야 하기 때문이다. 고객의 재구매를 일으키기 위해서는 만족스러운 경험을 하도록 해야 한다. 이때는 수요자 중심의 시장이다. 선택 옵션이 많은 상황에서는 경험을 토대로 한 수요자에게 결정권이 있기 때문이다. 하지만 성장기는 공급자 중심의 시장이다. 수요자는 경험이 없고 선택 옵션도 많지 않다. 가격만 적당하다면 구매가 쉽게 이루어지기 때문에 고객의 요구에 자원을 투입할 필요가 없다.

유니클로의 히트텍은 2007년 일본에서 2000만 장을 판매하였고, 2008년 출시하자마자 2800만 장을 완판하며 엄청난 호응을 받은 인기 아이템이다. 패션성과 보온성을 겸비한 제품에 대한 소비자 니즈를 간파하여 제품을 개발한 결과 캐즘을 넘어 고성장을 이룰 수 있었다. 이러한 패션 내의 시장의 성장기를 열었을 때 유니클로의 전략은 대량 공급이었다. SPA 브랜드의 장점을 살려 생산과 유통을 일체화하여 열광하는 고객들에게 빠르게 공급하는 것을 최고의 목표로 잡았다. 2008년 한국 시장에 히트텍이 공급될 때 열여섯 가지 스타일로 구성되어 있었다.

흔히 패션 의류가 다양한 색상의 제품을 생산하여 선택의 폭을 넓히고 고객을 만족시키는 방식을 택하는 데 반해 유니클로는 열여섯 가지 스타일에 기본 색상을 고집하고 밀어붙였다. '색상에 관계없이' 히트텍 자체를 경험하고 싶은 대중들의 수요가 강렬했기 때문이다. 일부 고객은 다양한 색상의 히트텍을 원했지만 유니클로는 이를 무시하고 대량 공급에 집중했다. 이는 대성공을 거두어 결과적으로 고성장을 이루고 패션 내의 시장을 장악할 수 있었다. 성장기가 지나면 전략은 달라진다. 히트텍을 경험했던 고객에게 차별적 니즈가 생기기 때문이다. 성숙기로 접어드는 2012년 국내 히트텍은 총 827종의 다채로운 색상과 디자인을 선보이고 있다. 점차 수요자 시장으로 변모하는 과정이다. 더 이상 고객의 요구를 무시할 수 없기 때문이다.

삼성전자는 빠르게 성장하는 스마트폰 시장에서 아이폰의 대항마로 옴니아2를 출시하여 성장을 이룬 전례가 있다. 2007년 1월 '맥월드 2007'에서 아이폰의 개발 사실이 공개되자 성장 시장에 돌입할 것임을 예견하고 빠르게 준비하여 2009년 6월에 출시한 것이다. 하지만 옴니아2는 미국 정보통신 전문 매체 《PC월드》의 평가 결과 열 개 스마트폰

중 하위권을 기록하는 등 소비자로부터 강한 불만의 소리를 들었다. 이후의 제품들도 호평과 악평을 오갔다. 그러나 꾸준히 스마트폰 시장의 성장에 맞추어 신제품을 출시한 결과, 2012년 1분기 세계 스마트폰 점유율의 28.2%를 차지하며 22.4%에 그친 애플을 제치고 1위에 오르는 성과를 거두었다. 말도 많고 탈도 많았던 '옴니아2 사건'은 성장 시장의 전략을 잘 보여준다. 당시 고객들은 새로 나와 화제가 되는 '스마트폰'이라는 것을 자신도 갖고 싶어 했다. 일부 고객의 까다로운 요구를 수용하는 것은 그 당시 성장 시장의 전략과는 맞지 않았다.

성장기의 성공 법칙 3
시장의 고릴라가 되어라

영화 〈파 앤드 어웨이Far and away〉를 보면 주인공인 톰 크루즈와 니콜 키드먼이 말을 달려 드디어 자신들이 원하던 땅에 깃발을 꽂고 손을 마주잡는 장면이 나온다. 미국의 서부 개척 시대에는 광활하게 펼쳐진 신천지에 말을 달려 깃발을 꽂는 사람이 그 땅의 주인이 되었다. 따라서 누구보다 넓은 영역에 깃발을 많이 꽂는 사람이 그만큼 땅을 많이 차지할 수 있었다.

성장기의 시장도 이와 마찬가지다. 성장기란 제품의 유행이 시작되어 일반 대중들의 수요가 발생한 상태이다. 이때는 대중들의 수요에 누가 먼저 제품을 공급하는지가 가장 중요하다. 넓고 푸른 신천지에 펼쳐진 땅을 차지하는 것이 필요한데 이때부터는 공급 능력과 영업망의 규모가 승패를 좌우한다. 많은 인부들을 동원하여 경쟁자보다 빠르게 깃발을 꽂는 자가 최후의 승자가 되는 것이다.

미국 발 금융위기 이후 한국의 패션업계는 침체기에 들었지만 아웃도어 의류 시장은 2006년 1조 원 규모에서 2012년 4조 원을 넘어설 정도로 단연 돋보이는 성장 시장이었다. 기존의 아웃도어 의류 브랜드는 등산 및 레저 고객을 주요 타깃으로 잡고 전문 산악인을 광고 모델로 내세우며 기능성을 강조했다. 따라서 일반 대중에게 어필하지 못하고 아웃도어 마니아들에게만 팔리는 도입기에 갇혀 있었다.

1997년 한국에 진출한 노스페이스는 2000년대 들어 아웃도어 의류의 패션화를 선도하며 아웃도어 의류 시장의 캐즘을 넘어 성장기로 진입시켰다. 패션에 민감한 젊은층을 공략하여 시장에서의 붐을 일으킨 것이다. 성장기에 들어선 아웃도어 의류 시장은 패션업계에서 그야말로 개척 시대의 신천지가 되었다.

상대적으로 인지도를 갖춘 K2, 블랙야크, 라푸마, 네파 등이 시장점유율을 확장하고 컬럼비아, 아이더, 밀레, 몽벨, 에이글, 트렉스타, 머렐, 와일드로즈 등도 앞다투어 아웃도어 의류 시장에 뛰어들었다. 광활한 아웃도어 의류 시장이라는 땅에 서로 깃발을 꽂으려 하지만 단연 돋보이는 기업은 코오롱스포츠였다. 코오롱스포츠는 강력한 영업망과 공급 능력을 바탕으로 아웃도어 의류 시장을 빠르게 잠식하며 노스페이스를 바짝 추격하고 있다. 코오롱스포츠의 시장 장악력은 점차 강화

되었으며 아웃도어 의류에서의 독보적 공급자라는 영향력을 행사하고 있다.

QWERTY 이론

컴퓨터 키보드의 영문 자판은 왼쪽부터 QWERTY의 순서로 배열된다. 이는 1870년대 타자기용으로 개발된 자판을 그대로 사용한 결과였다. 타자기용 자판은 사용자의 편의를 고려하기보다는 당시 기계적으로 실현 가능한 수준에서 만들어진 것이었다. 그 후 타자기가 널리 보급되자 비능률적인 자판을 개선하려는 노력이 잇따랐다. 하지만 이보다 훨씬 편리하고 타자 속도도 빠른 다른 자판들은 모두 역사 속으로 사라졌다. 기존 자판에 익숙한 타이피스트들이 많아 다른 자판이 발붙이기 힘들었기 때문이다.

이는 비즈니스 세계에서도 정확하게 적용된다. 시장의 원리에 따라 가장 훌륭한 제품이 살아남는 것이 아니라 '과거의 우연한 사실'에 따라 어떤 제품이 시장을 지배하게 된다는 것이다. 성장 시장에서는 영리한 침팬지가 아닌 무지막지한 고릴라가 되어야 한다. 야만적인 고릴라가 일단 시장을 지배하게 되면 그 때부터는 고릴라가 곧 법이다. 살아남지 못한 영리한 침팬지는 의미가 없다.

성장기에서 성숙기로 넘어가는 시기에는 쉐이크 아웃 산업 내 구조 조정이 일어난다. 도입기와 성장기에는 규모가 작거나 원가 경쟁력이 낮아도 상대적으로 경쟁이 심하지 않기 때문에 살아남을 수 있다. 무분별하게 성장하던 기업들이 성숙기에 접어들 때쯤 경쟁에 의한 쉐이크 아웃을 겪는데, 이때 수익성이 약하거나 기반이 견고하지 않은 기업은 문을 닫거나 인수합병 되기도 한다. 따라서 경쟁에서 살아남기 위해서는 규모를 키우거나 후발 기업을 겨냥한 진입 장벽을 구축해 놓을 필요가 있다. 성장기에는 고릴라처럼 빠르게 시장을 장악하여 규모를 키워놓는 것이 향후 경쟁 시장에서의 최대 강점이 된다.

1990년대 후반 첫 출시 이후 2000년대에 들어 눈부신 성장을 거듭했던 LED 시장도 이와 같은 쉐이크 아웃을 겪은 사례다. LED 시장은 세계적으로 2015년 15조 원 이상의 규모로 성장할 것으로 전망되는 거대 시장이다.

2000년대 후반, LED 시장은 연평균 26% 성장하면서 많은 후발 주자들을 끌어들였다. 이러한 후발 기업들은 공급자 위주의 성장기에 편승해 어렵지 않게 매출을 올릴 수 있었다. 하지만 빠르게 성숙 시장으로 넘어가며 점차 경쟁이 심해지자 2013년을 기점으로 많은 기업들이 경영난에 시달리며 쉐이크 아웃을 경험했다. 규모를 확보하지 못한 채 출혈경쟁을 지속했던 중소 업체들은 구조조정, 장비 매각 등을 통해 고정비를 줄이며 쉐이크 아웃을 견디려 했다. 하지만 규모의 경제를 실현하지 못하고 지지기반이 약한 기업들은 경쟁에서 밀려났고, 업계는 고릴라처럼 시장점유율을 확대한 대형 회사 위주로 재편되었다. 이는 성장하는 시장에 뒤늦게 뛰어들어 시장점유율을 확보하지 못했기 때문이다.

성장기의 성공 법칙 4
돌다리를 두드리지 마라

"병사는 신속神速을 요구합니다. 지금 1000리 밖에 있는 적을 습격하려는데, 치중輜重이 많아 유리한 지역에 빨리 도착하는 것이 어렵습니다. 적이 이것을 듣게 된다면 필히 방비를 튼튼히 하여 우리를 기다릴 것입니다. 지금 바로 치중을 남기고 경기병輕騎兵을 야간 행군시켜 그들의 의표를 찔러야 합니다."

『삼국지三國志』「위서魏書 곽가전郭嘉傳」에 나오는 '병귀신속'에 관한 이야기다. 조조는 북쪽의 강대한 세력인 선우의 정벌을 꾀하였으나, 병사, 식량 등의 물자 수송에 애를 먹고 있었다. 이에 곽가는 상대의 허를 찌르기 위해 경기병을 먼저 신속히 보낼 것을 제안했다. 즉시 조조는 경기병을 진군시켜 방비가 허술한 선우의 군대를 순식간에 전멸시켰다.

성장기의 전략도 이와 유사하다. 도입기 또는 성숙기에는 치밀한 준비를 기반으로 수익성 위주의 사업을 진행해야 하지만 성장기의 시장에서는 시장점유율이 가장 중요하다. 고객의 요구에 하나하나 대응하여 제품을 점검할 시간이 없으니 발 빠른 경기병을 먼저 보내 시장을 선점해야 한다. 성장기에서는 정밀한 검토보다는 빠른 의사결정과 일사불란한 실행이 가장 중요하다.

국내 커피 전문점 시장은 1999년 이화여대 앞 스타벅스 1호점을 시작으로 고속 성장을 했다. 2000년대 중반에 잠시 정체되는 모습을 보이다 이후 다시 폭발적으로 성장하며 현재 시장 규모는 3조 원에 육박하고 있다. 초기에는 도심의 주요 상권에서 외국 브랜드의 직영 매장을 중심으로 커피 전문점 시장이 성장했다. 당시 대부분의 주요 상권에 커피 전문점이 입점하게 되자 커피 전문점 시장은 포화 상태에 이르렀다는 분석이 지배적이었다.

하지만 중심가에서 커피 전문점에 익숙해진 고객들은 주거지 근처에서도 커피 전문점 이용을 원했다. 그 결과 도심을 벗어나 외곽 지역을 포함한 넓은 상권에 거대한 개척 시장이 새롭게 펼쳐졌다. 이를 포착한 카페베네는 가맹점 형태로 경쟁 기업보다 한 발 앞서 공격적인 영업을 전개했다. 빠른 의사결정으로 일사불란하게 전국적 영업을 밀어붙인 결과, 1년 만에 100여 개 매장을 돌파하더니 불과 4년 만에 800개 이상의 매장을 개설하여 순식간에 커피 전문점 매장 보유 수 정상을 차지했다. 성장기에 맞는 신속한 확장 전략을 정확히 구사한 것이다. 급속한 확장으로 인해 커피 품질 유지, 메뉴 개발, 매장 운영 지원이 미흡하다는 비난을 받기도 했지만 장기적인 관점에서 점유율을 높이고 경쟁력을 강화하는 데 성공했다.

현대 경영 환경에서 스피드의 중요성은 점차 증가하고 있다. '정보통신의 발달, 세계의 단일시장화, 산업간 컨버전스' 등 세 가지 이유로 성장기의 주기는 점차 짧아지고 있다. 캐즘을 넘어 성장기로 들어서는 순간, 정보는 급속도로 전파되며 경쟁자들이 막대한 자본과 영업력을 앞세워 뛰어든다. 따라서 한 발 먼저 성장의 시류에 올라타야 한다.

삼성전자는 시장의 흐름을 정확히 감지하고 일사불란하고 신속하게 성장 산업을 육성하는 '패스트 팔로어Fast Follower' 전략의 대표 주자다. 애플보다 후발 주자로 스마트폰 성장 시장에 뛰어든 삼성전자는 2013년 세계 스마트폰 시장점유율 35%를 상회하며 부동의 1위를 질주하고 있다. 그렉 자카리 미국 애리조나 주립대 교수는 '국제전기전자엔지니어협회IEEE'의 칼럼에서 애플이 열어놓은 스마트폰 성장 시장을 빠르게 점령한 삼성전자를 예로 들면서 시장의 흐름에 따른 적확한 전략 수행을 극찬했다. 제조업 기반의 삼성전자는 글로벌 단일 공급망 관리를 통해 공급 시간을 단축하는 한편 빠른 의사결정 체계를 통해 신속한 전략을 수행한다. 삼성전자는 성장 시장에서의 성공 요인을 확고히 갖추고 있다.

질레트는 1990년대 인도네시아에 안전 면도날을 공급하면서 초고속 확장 전략을 수행했다. 당시 인도네시아 국민은 소득수준이 낮아서 고가의 질레트 면도날은 대중적인 인기를 끌기 어려울 것이라는 것이 시장 일반의 평가였다.

하지만 인도네시아에 외국 미디어 및 글로벌 기업들이 들어오면서 유럽풍의 단정한 수염 관리 유행이 널리 퍼져있었다. 이러한 니즈를 파악한 질레트는 인도네시아의 경제력에 맞춰 저가로 대량 판매한다는 영업 전략을 펼쳤다. 인도네시아의 전국적 대형 유통업자와 손을 잡고 놀라운 속도로 시장을 장악해 나갔다. 동유럽이나 중국 등에서 저가 면도날 시장에 뛰어들 것을 예상하고 빠른 확장에 전력을 기울인

것이다. 결국 캐즘을 넘어 시장의 폭발을 이끌었고 질레트는 성장 시
장의 과실을 모두 수확할 수 있었다.

Chapter3
성숙기의 성공 법칙
크거나 작거나

　H대 기계공학과에 재학 중인 지영 씨는 여중, 여고를 거쳐 대학교에 진학했다. 지영 씨는 남학생이 많은 공대에서 보기 드문 미모로 '공대 여신'으로 불리며 인기를 한몸에 받고 있었다. 지영 씨는 미팅이나 소개팅을 나간 적이 없었는데 그 이유는 굳이 노력하지 않아도 같은 과의 남학생들이 언제나 주변에 있었기 때문이었다. 지영 씨는 이러한 인기의 원인이 자신의 미모에 있다고 믿고 점점 자만하게 되어 자신에게 호의를 베푸는 남자들을 소홀히 대했다. 여대에 들어간 지영 씨의 중학교 친구들은 이성 친구를 만드는 데 어려움을 겪는 반면 공대생인 지영 씨는 그런 걱정을 해본 적이 없었다. 시간이 흘러 졸업을 하고 사회에 진출하게 되었다. 회사 생활을 시작하고 학교 다닐 때와는 사뭇

다른 남자들의 태도에 적잖이 놀라게 되었다. 대학 때처럼 주변에 호의를 베푸는 남자들이 없어서 점점 외로움을 느끼게 되었다. 노력하지 않는 수동적인 지영 씨의 태도 때문에 상황은 나아질 기미가 보이지 않았다. 사회에는 자기보다 미모가 뛰어나고 꾸밀 줄 아는 여성들이 많아 경쟁에서 뒤쳐지고 있었던 것이다. 지영 씨는 뭔가 상황이 달라졌다는 것을 깨달았다.

지영 씨의 상황은 성장기를 지나 성숙기에 들어선 기업의 상황과 유사하다. 산업의 성장기에서는 수요가 공급을 초과하는 상황이기 때문에 공급자 위주로 시장이 움직인다. 굳이 공급자가 수요자를 신경 쓸 필요가 없다. 지영 씨가 공대에 재학 중일 당시에는 남학생이 많기 때문에 굳이 잘해주거나 꾸밀 필요가 없었다. 하지만 졸업하고 사회에 나오면서 수많은 경쟁자와 부딪치게 된다. 이때는 경쟁자보다 차별적 우위를 점해야 한다. 성숙기에 들어서면 공급이 수요를 초과하므로 소비자의 권한이 막강해지기 때문이다. 따라서 소비자의 요구에 귀 기울이고 경쟁자보다 더 나은 제품과 서비스를 제공해야 한다.

"좋은 것을 싸게 사고 싶다"

외모에 관심이 많은 아름 씨는 유행하는 수입 색조 화장품을 구매하기 위해 백화점, 로드숍 등 여러 가게를 돌아봤다. 그러던 중 예전에는 몇 개의 해외 브랜드에만 있었던 색조 화장품이 이제는 국내 기업에서 생산되는 '모방 제품' 수십 종류가 있는 것을 발견했다. 선택의 여지가 너무 많아 혼란스러웠던 아름 씨는 품질과 가격을 꼼꼼히 비교해보고 유행하는 제품을 할인하여 구매했다.

이는 성숙기에 나타나는 전형적인 현상이다. 성숙기 시장에서는 기업들이 거의 비슷한 품질로 치열한 경쟁을 벌인다. 성숙기 시장에서는 고객 이탈 또한 빈번히 일어난다. 한 번 고객이 영원한 고객이 될 수 없는 시장이다. 2008년 금융위기 이후 저성장 국면에 들어서며 전 세계적으로 소비자들은 '프루걸 시크Frugal Chic'형 소비 행태를 보이고 있다. 이는 현 시대가 공산품이나 서비스 측면에서 일반적으로 성숙기에 진입했음을 의미한다. 부의 양극화와 남보다 나아 보이려는 경향이 성숙기의 경쟁 시장과 맞물려 '알뜰하게 소비하지만 멋스러움과 삶의 질을 포기하지 않으려는' 프루걸 시크 트렌드로 나타난다.

수제 머핀 커피 전문점 마노핀은 이러한 성숙 시장의 프루걸 시크형 소비 행태를 보이는 소비자들을 공략한 대표적인 사례다. 커피 전문점 시장은 2010년대 들어서 그 성장세가 초기 대비 3분의 1 수준으로 떨어져 성숙기로 진입하고 있었다. 이 시장에서 마노핀은 990원짜리 커피를 선보이면서 연평균 300%의 성장률을 보이고 있다. 성숙기의 커피 전문점 시장에서 저렴하지만 세련된 포인트를 제공해 경쟁에서 승리한 사례다.

성숙기에 경쟁에서 이기고 시장을 차지하기 위해서는 첫째, 대형화를 통해 원가를 절감하거나 둘째, 작은 차별화로 경쟁에서 우위를 점하는 것 셋째, 한 가지 분야에서 돋보이도록 전문화하는 것 넷째, 경쟁

자들이 넘볼 수 없는 영역에 진입 장벽을 치고 내실을 튼튼히 하는 것
이 필요하다.

성숙기의 성공 법칙 1
시장의 골리앗이 되어라

2013년 7월 31일, 세계 메모리 반도체 시장에 지각변동이 일어났다. 미국 마이크론과 일본 엘피다의 합병이 완료되었던 것이다. 오랜 기간의 출혈경쟁으로 힘겹게 버티고 있던 세계 3위와 4위 업체가 결국 합병했다. 그동안의 반도체 시장 출혈경쟁에서 많은 기업들이 적자를 내고 합병되었는데, 왜 경쟁 시장에서는 이러한 인수합병이 빈번하게 일어나는 것일까?

이는 치킨게임의 결과다. 치킨게임이란 경쟁 상황에서 어느 한쪽이 포기할 때까지 손해를 감수하고 경쟁을 증대시켜 경쟁자가 포기하면 최후의 승자가 시장을 독식하는 것을 말한다. 21세기에 들어서 반도체 시장의 치킨게임은 삼성전자의 선제공격으로 시작됐다. 2003년의 IT 침체기를 견뎌낸 후, 2004년 반도체 업계는 엄청난 호황을 맞이하게 된다. 이때 삼성전자는 천문학적인 돈을 들여 설비투자를 감행했고, 이에 위기감을 느낀 다른 반도체 회사들도 투자를 증대했다. 이는 결국 공급과잉을 초래하게 되었고, 이러한 공급과잉 현상은 2007년부터 가격 하락으로 이어졌다. 엎친 데 덮친 격으로 2008년 금융위기 때 수

요마저 하락하는 상황을 맞이하게 된다. 결국 반도체 가격은 원가 이하로 떨어지고 말았다. 삼성전자는 대량생산 시스템으로 제조 및 개발 원가를 줄여 손실이 크지 않았지만 다른 기업들은 엄청난 적자를 기록하게 되었다. 세계 5위 키몬다는 파산했으며, 4위 엘피다도 파산 직전까지 내몰렸다. 적자를 견디지 못한 기업들은 생산을 줄였고, 공급이 줄어들자 반도체 가격이 올라 삼성전자는 2013년 역대 최고의 영업이익을 거두게 되었다.

경쟁 시장에서는 '규모의 경제' 원칙에 의해 결국 거대 기업 한두 개만이 살아남게 된다. 그 이유는 성숙 시장에서는 품질의 차이가 크지 않아 원가절감의 효과가 강력해져 경쟁적으로 대형화를 추구하기 때문이다.

원자재비, 마케팅비, 연구개발비, 인건비, 간접비, 관리비 등의 비용 감소로 원가를 절감할 수 있다. 이러한 원가절감은 시장 전체 매출이 정체 상태에 있는 성숙기에는 거의 확실한 수익 증대를 가져온다. 대형화를 통해 고객 채널의 확장, 브랜드 신뢰도 향상 등으로 매출 증대를 기대할 수 있지만, 달성하기 어렵고 불확실성이 크다는 단점이 있다. "1+1은 2가 아니다"라는 이른바 '합병 누수' 현상이 자주 발생한다. 1999년 옛 현대전자와 LG반도체를 합쳐 만든 하이닉스도 일시적으로 D램 시장에서 삼성전자를 앞질렀지만 이듬해 3위로 추락했다.

치과 의료 시장의 한 사례를 살펴보자. 유디치과는 치과 의료 시장에서 적극적으로 대형화를 추진하여 불황을 이겨내고 매출 신장을 이

1부 시장 변화에 민감하라

루어 냈다. 치과 의료 시장은 2000년대 들어와 극심한 침체기를 겪고 있었다. 저성장 국면에 들어서면 소비자들은 치과 서비스 지출을 가장 많이 줄인다. 치과 의료 시장은 2000년대 들어와 하루 평균 두 곳이 폐업하는 상황을 겪고 있었다. 치과 의료 시장의 이러한 불황은 근본적으로 공급 증가에 따른 성숙기의 심화에 기인한다. 치과 의사의 공급은 매년 800여 명에 육박했지만 소비자 인구와 치과 수요는 정체를 면치 못하고 있었다.

유디치과는 이러한 성숙기 시장의 현상을 간파하고 병원의 대형화를 시도했다. 네트워크 시스템을 구축하여 2010년 한 해에만 국내 지점을 20개에서 100여 개로 늘리며 급성장했다. 유디치과는 대형화를 통해 임플란트 재료비 절감, 마케팅 비용 분담, 구매 협상력 강화 등 성숙 시장에서의 경쟁력을 갖출 수 있었다.

최근의 프랜차이즈 열풍 또한 대형화의 이점을 십분 활용하고 있다. 사업자 입장에서 대형화 전략을 취하고 싶으나 자본이나 지역적 제약 등 현실적인 한계를 극복하는 수단으로 프랜차이즈 전략을 선택할 수 있다. 점주의 소유권은 인정하면서 대형화의 장점을 제공하는 대가로 수수료를 받는다. 호주에 본사를 둔 에니타임 피트니스Anytime Fitness 는 피트니스 사업을 전국적 프랜차이즈로 대형화시킨 사례다. 피트니스 센터 업계는 관리자 및 직원의 개성이 강하기 때문에 소규모 기업들이 많았다. 하지만 성숙기로 접어들면서 경쟁이 심화되었고, 비용을 줄이고 효율을 높이는 것이 중요한 이슈로 부각되었다. 에니타임 피트니스는 매뉴얼 제작, 시스템 구축 등으로 관리 요소를 대폭 간소화 했다. 그 결과 비용을 줄일 수 있었으며 이를 기반으로 피트니스 센터 프랜차이즈를 제품화 하여 성공을 거두었다.

대형화는 원가절감과 매출 신장은 물론 리스크 분산 효과도 있다. 앞서 살펴본 유디치과의 경우, 개인이 치과를 개업하려면 4~5억 원의 투자가 필요하지만 네트워크 시스템으로 사업자의 재무적 리스크를 줄일 수 있다는 점에 착안하여 사업자의 고민을 해결했다. 삼성전자의 경우도 반도체, 디스플레이, 모바일 등의 사업부가 함께 있으면 사업 포트폴리오를 다양화하여 사업 부서별로 이익과 손해를 상쇄하여 안정적으로 운영할 수 있으며 재무 투자자의 신뢰를 얻을 수 있다는 장점이 있다.

스페인 SPA브랜드인 자라는 성숙기인 의류 시장에서 폭발적인 성장률을 보이고 있다. 2010년 의류 시장의 연간 성장률은 14.7%인데 비해 자라는 67.4%의 성장률을 보였다. 이러한 고속 성장의 비결은 수직적 통합에 의한 대형화다. 의류 시장의 경쟁이 과열되고 수익성이 악화됨에 따라 경쟁자보다 빨리 유행에 대응하고 원가를 절감하는 것이 요구되었고, 자라는 이러한 시장의 요구에 적절히 대응했다. 글로벌 SPA브랜드들은 디자인, 제조, 유통까지 전 과정을 연결하여 유행에 긴밀하게 대응할 수 있었으며 제조 및 유통 원가도 절감하여 결국 경쟁에서 승리할 수 있었다.

현대백화점은 2012년 한섬을 인수하여 패션 사업을 의욕적으로 강화하고 있으며, 신세계백화점과 롯데백화점도 패션 브랜드 인수 및 자체 브랜드 개발을 통해 앞다투어 패션 사업에 진출하고 있다. 이는 유통과 제조를 통합하여 수직 계열화하는 과정인데 그 이유 역시 의류 시장 경쟁에서 살아남기 위해 원가를 절감하고 유행에 빠르게 대응하기 위함이다.

이처럼 성숙기 시장에서는 두 가지 종류의 대형화가 필요하다. 이는 '기업환경분석SWOT'에 의해 전략적으로 선택할 수 있다. 첫째, 시장의 독점적 파워를 위해 점유율이 필요한 산업의 경우에는 수평 계열화가 둘째, 긴밀한 의사결정이 중요하거나 공급업자 리스크가 있는 경우에는 수직 계열화에 의한 대형화가 효과적이다.

본 법칙은 거시경제적으로도 분석할 수 있다. 거시적 관점에서 현재 글로벌 시장의 공산품 산업들은 글로벌 대형화와 로컬 차별화가 동시에 일어나고 있다. 글로벌 시장에서는 제조업과 유통의 고속 성장을 이끌었던 20세기를 지나 전체적인 성숙기의 모습을 보이고 있다. 이때 주효한 성공 전략은 대형화 또는 차별화다. 대형화를 통한 원가절감, 노동비용 절감, 마케팅 집중화, 글로벌 영업망 등 국가·지역별 노력이 필요하다. 또한 마켓 파워를 강화하기 위해서는 수평적 M&A를, 원가절감 및 품질 향상을 위해서는 수직적 M&A를 수행해야 한다. 이와 더불어 로컬 마켓의 특징을 살린 차별화를 위해 로컬 네트워크 및 특징을 반영한 제품을 침투시켜야 한다. 거시경제적으로 서비스 산업들은 아직 성장기에 있으며 이에 따른 성장 기회를 노려야 한다.

성숙기의 성공 법칙 2
계란은 한 바구니에 담아라

식당들이 많은 번화가로 나가보자. 예전에는 김치찌개, 순두부찌개, 비빔밥, 냉면 등을 함께 파는 식당이 많았지만 요즘에는 김치찌개 전문점, 냉면 전문점 등 전문점이 더 인기가 많다. 성형외과를 보자. 쌍커풀 전문, 코 전문, 안면윤곽 전문, 지방 전문 등 전문점이 아니면 살아남을 수가 없다. 심지어 카센터조차 썬팅 전문, 도색 전문, 튜닝 전문 등 전문점 일색이다. 이렇게 전문점이 급속도로 유행하게 된 이유가 무엇일까?

정보통신과 운송 수단의 발달

성숙기에는 '전문화' 현상이 나타난다. 예전에는 동네에서 장사하면 동네 주민들 밖에 오지 않았다. 적절한 광고·홍보 수단이 부족했으며, 설령 광고를 한다고 해도 먼 거리를 이동해가며 외부에서 찾아오는 고객도 없었기 때문이다. 하지만 요즘은 어떠한가. 동네에서 장사를 해도 인터넷을 비롯한 각종 미디어를 통해 정보를 접한 고객들이 옆 동네 심지어는 타 도시에서 찾아온다. 교통수단이 발달하고 운송 산업도 발달하여 공간적인 장벽이 많이 허물어졌기 때문이다. 예전에는 한 가지에 집중하면 고객 풀이 작았기 때문에 수익성을 담보할 수 없었다. 하지만 지금은 발달된 정보통신과 운송 수단으로 타깃 고객의 풀이 커져 전문화를 하는 것이 더 유리하다.

거친 피부가 콤플렉스인 송진영 씨는 레이저 치료를 받기로 결정했다. 오랜 기간과 큰돈이 드는 시술인 만큼 신중하게 결정하고 싶었다. 블로그와 카페를 통해 유명한 전문 피부과를 알게 되었고 주변 지인들에게 물어봐 경험이 많고 가격도 적당한 두 곳을 선정했다. 집에서 멀었지만 번화가에 위치하고 있어서 주말에 친구들 만날 때 상담을 받았고, 이후 한 곳을 골라 시술을 받았다. 결과에 만족스러웠던 송진영 씨는 카페에 후기를 남겼다.

성숙기에는 경쟁자가 많기 때문에 더 나은 제품이나 서비스를 전달해야 한다. 특히 신중한 의사결정이 필요한 제품 또는 서비스의 경우 소비자는 경쟁적 우위를 더 면밀하게 검토하게 된다. 네트워크가 강한 현대사회에서는 경쟁 우위에 있는 정보가 빠르게 전파되며 경쟁력 있는 제품과 서비스는 가격 하락 및 품질 개선의 선순환을 타게 되어 시장의 절대 강자로 올라설 수 있게 된다. 따라서 경쟁적 우위를 점하는 것이 중요하다. 앞서 예를 든 대형 SPA브랜드 역시 전문화라고 할 수 있다. 과거에는 한 가지 제품군에 집중 투자할 수가 없었는데 그 이유는 수요 고객군의 한계 때문이었다. 하지만 현대에는 네트워크의 발달과 글로벌한 상권 확대라는 환경 변화에 맞춰 한 가지 산업에 집중하여 수직 계열화 하는 것이 매출 향상에 더 유리하다.

신발 전문 유통사인 ABC마트는 2012년 매출 3200억 원을 기록하고 직영점 100개를 돌파하는 등 고속 질주를 거듭하고 있다. 성숙기인 패션 유통시장에서 이렇게 성공할 수 있었던 배경이 무엇일까? 이는

ABC마트가 '신발'이라는 카테고리로 전문화를 꾀했기 때문이다. 이전에는 백화점이나 로드숍에서 스포츠 매장을 돌아다니며 신발을 신어보고 한 곳을 골라 구매해야 하는 불편함이 있었다. ABC마트는 젊은 층을 타깃으로 유명 브랜드의 신발을 한 곳에 모아놓고 고객이 다양하게 신어보고 결정할 수 있는 전문점을 만들었다. 이렇게 다양한 브랜드를 모아 소비자들의 정보 수집의 문제를 해결한 매장을 카테고리 킬러라고 하는데, 이는 성숙 시장에서 나타나는 전형적인 전문화 현상이다. 가전 전문 유통점인 하이마트도 이와 마찬가지 경우로 삼성, LG 등 가전제품을 한 번에 비교하고 구매할 수 있는 카테고리 킬러를 구성했다.

수요자 위주의 성숙 시장에서는 소비자가 제품을 구매하고자 할 때 경쟁력 있는 제품을 찾게 되는데 특히 고관여 상품ex. 전자 제품이거나 옵션 비교 니즈가 강력할 경우ex. 패션에 전문점으로써 정보 수집이 가능한 수단을 찾게 된다. 전자 상가, 안경 상가 등이 형성되는 이유도 이와 같다. 그 제품 카테고리에서의 직접 체험이 필요할 경우 정보를 수집할 수 있는 카테고리 킬러가 머릿속에 떠오르게 되고, 체험이 필요 없거나 할 수 없는 경우 직접 정보를 수집하여 최선의 선택을 하게 된다. 따라서 의류, 신발 등의 소비재에서 주로 카테고리 킬러가 출현하게 되고 미용, 의료 등의 서비스업에서는 온라인을 활용한 전문점이 나타나게 된다.

발머스한의원은 전문화를 통해 성숙 시장의 경쟁을 뚫고 성장을 이룬 사례다. 한의원 의료 시장은 2000년대 들어서 일반 병원양의학에 많은 시장을 빼앗겨 수요가 급감하면서 오랜 정체를 겪고 있었다. 한의학이 고성장을 구가할 때 정원을 늘린 한의과 대학에서 한의사 공급이 쏟아지자 과열 경쟁 체제로 들어섰기 때문이었다. 과거에는 불황이 없었고, 한의사 자격증이라는 진입 장벽이 있어서 타 산업만큼의 성숙 시장에서의 경쟁 구도가 나타나지 않고 있었다. 하지만 수익성 악화를 견디지 못한 한의원 시장도 결국 전문화를 시도했고, 그 중 하나가 발머스한의원이었다. 한의원은 전체적으로 인간의 모든 병을 치유하는 일반적인 의료 서비스를 제공하는 시장이었다. 하지만 현대의 전문 의료 서비스에 익숙한 소비자들의 선택에서 한의원은 언제나 후순위로 밀려나게 되었다. 발머스한의원은 기존의 한의학 치료로는 양의학과의 경쟁에서 승리할 수 없다고 판단하고 양의학과의 경쟁에서 이길 수 있는 분야를 발굴했다. 따라서 급격한 증가를 보이고 있는 탈모 인구에 착안했다. 이를 한의학과 연결하여 전문적인 탈모 치료를 표방했다. 결국 의료 시장 전체에서 탈모에 관한 상대적 우위를 점하게 되었고, 전문화된 분야를 네트워크화하여 시장에서의 입지를 공고히 했다. 한의원 시장은 이와 같이 점차 전문화되어 척추 전문, 비만 전문, 탈모 전문 등의 병원들이 생겨나게 되었다.

전문화를 시도한다면 이를 가능하게 한 정보통신 발달의 기본이 되는 온라인 환경을 이해해야 한다. 전문화가 진행되면서 온라인 환경에서 차별점을 전달하는 전략이 매우 중요해졌다. 전문점을 적극적으로 이용하는 고객군은 인터넷이 필수 관문이기 때문이다. 기존 서비스 산업에서는 정보 수집의 제약이 많아 정보 수집 단계에서 구매 후보로 선정될 경우 대부분 구매 결정 및 최종 구매 단계로 이어졌다. 하지만 온라인 환경이 자리 잡으면서 정보 수집은 온라인으로 하고, 최종 구매는 선택 결과에 맞게 했다. 앞서 살펴본 발머스한의원의 경우에도 서비스 산업에서 나타나는 온라인 정보 수집 현상을 잘 보여준다. 발머스한의원은 몇 년 전 특별한 이유 없이 매출이 급상승하는 경험을 했다. 내부적으로 매출이 상승할 만한 요인이 없어 고객과 경쟁사를 중심으로 원인을 분석해보았다. 매출 상승의 원인은 엉뚱하게도 경쟁 한의원의 대대적인 광고에 있었다. 경쟁사의 광고가 고객의 수요를 확대했는데 고객들은 경쟁사 광고를 접한 후 인터넷에서 정보를 수집하고, 구매 단계에서는 업계 최고인 발머스한의원을 선택했다. 이렇듯 온라인 상에서 구매 결정 단계에 중추적인 역할을 하는 입소문이나 포럼 등을 통해 전문 경쟁력을 부각하여 고객을 끌어들이는 전략이 필요하다.

성숙기의 성공 법칙 3
다르다는 것을 증명하라

동아제약의 박카스는 과거 50년간 177억 병이 팔린 명실상부한 자양강장제의 최강자다. 자양강장제

시장은 오랜 기간 전체 매출이 정체된 전형적인 성숙 시장이었다. 따라서 박카스는 원비디, 영비천 등의 기존 경쟁 제품뿐만 아니라 비타500, 핫식스 등 신흥 경쟁 제품들의 거센 도전을 받고 있었다. 동아제약은 2011년 박카스F를 출시했는데, 이는 슈퍼용을 목표로 용량 및 성분의 차이는 거의 없지만 디자인과 가격에 약간의 변화가 있었다. 박카스F는 슈퍼 및 편의점에서 선풍적인 인기를 끌며 2013년 상반기에 전년 대비 23.9% 증가한 92억 원을 기록하며 박카스의 또 다른 매출 상승을 이끌었다. 별다른 프로모션 없이 약간 리뉴얼된 박카스F가 이와 같이 매출 성장을 이룬 이유는 무엇일까?

4년차 주부인 이정인 씨는 주말에 마트에서 장을 보다가, 집에 있는 드럼세탁기 세제가 거의 떨어진 것이 생각나서 세제 코너로 향했다. 정인 씨는 진열대에 놓인 세제 중 자신에게 익숙한 피죤과 옥시를 비교해 보았다. 정인 씨는 옥시에서 최근에 신제품이 나온 것을 발견했다. 신제품에 어떤 성분이 바뀌었는지는 알 수 없었지만 세척력이 강화되고 살균 기능이 개선되었다는 문구를 보게 되었다. 정인 씨는 기왕 살 것이라면 가장 최신 제품을 구매하는 것이 좋겠다고 생각하고 옥시 신제품을 구매했다. 정인 씨는 실제 사용해 본 후 세척력 등의 기능이 향상된 정도는 알 수 없었지만 그래도 무엇인가 좋아졌을 것이라고 믿었다.

정인 씨의 사례는 성숙 시장에서 주로 나타나는 현상이다. 성숙 시장에서는 경쟁 상품이 매우 많으며 소비자 입장에서 품질의 차이를 판별하기란 쉽지 않다. 따라서 고객은 제품을 고르는 데 혼란을 겪게 된다. 이때 작용하는 것은 '브랜드와 스몰 체인지'다. 고객은 제품을 구매할 때 그 제품군의 비교 옵션 브랜드를 떠올린다. 정인 씨가 떠올린 브랜드는 피죤과 옥시였다. 그 다음 결정 기준은 '더 좋은 것을 사고 싶다'인데 전문가가 아니면 미세한 제품의 차이를 알 수 없다. 따라서 정인 씨가 '좋은 제품'이라고 믿게 된 것은 최근에 출시된 옥시의 신제품이었다.

성숙기 시장에서는 고객이 제품 구매를 고려할 때 '경쟁사와 함께 당신의 브랜드가 머릿속에 떠오르고', '그 중 당신의 제품을 선택하게' 하는 것이 중요하다. 즉, 브랜드와 스몰 체인지가 중요한데, 브랜드는 도입기와 성숙기를 거치면서 형성된 가치로써 단기간에 개선이 불가능하다. 당신의 브랜드를 머릿속에 떠올리는 고객이 당신의 제품을 선택하게 해야 하는데, 그 때 필요한 것이 스몰 체인지다. 특히 결과를 금방 알 수 없는 제품인 약물, 기초 화장품, 세제 등의 경우 스몰 체인지의 효과가 강력하다. 고객은 '기왕에 살 것이라면' 조금이라도 개선된 새로운 제품을 원한다. 실제의 가치는 중요하지 않다. 앞서 예를 든 박카스F의 경우에도 성숙 시장에서 새롭게 출시된 박카스F에 대해 고객은 "잘 모르겠지만 무엇인가 개선되고 기능이 강화되었을 거야"라고 믿고 구매하게 된다.

CJ푸드빌의 VIPS는 패밀리레스토랑 시장이 성숙기에 접어든 2000년대 후반 조금씩 시장점유율을 늘려나가며 2012년 '브랜드가치

지수BSTI' 1위를 차지했다. 성장기에는 아웃백 스테이크하우스에 비해한 발 늦게 성장한 VIPS가 성숙기에 시장점유율을 확대할 수 있었던 이유는 무엇일까? VIPS는 마케팅 활동보다는 패밀리레스토랑 고유의 품질 향상에 노력을 기울였다. 성장기에는 고객이 품질의 작은 차이에 둔감하기 때문에 두각을 나타내지 못했다. 하지만 경쟁이 시작된 성숙기에 고객의 선택 양상은 달랐다. 고객은 미세한 품질 차이를 인지하고 VIPS를 선택하기 시작했다. 이렇듯 고객이 작은 차이에 민감해 하는 경우 품질의 미세한 차이를 만들어 내는 것이 경쟁을 이기는 스몰 체인지라고 할 수 있다.

성숙기에는 치열한 경쟁으로 인해 이전에 보지 못했던 새로운 것을 제공하는 것은 거의 불가능에 가깝다. 그렇기 때문에 성숙기 시장에서 고객은 아주 작은 차이라 해도 새로운 것으로 인식하고 충분한 대가를 지불한다. 미묘한 차이를 내세워 가격을 올려도 기꺼이 지갑을 연다는 말이다. 성숙기 시장에서 고객은 제품·서비스를 이용하면서 느낄 수 있는 품질 차이가 거의 없기 때문에 리뉴얼 혹은 가격 차이를 품질 차이로 이해하려는 경향이 있다. 성숙기에 가격이 오르는 현상은 일반적으로 식품, 색조 화장품 같이 조그만 차이에 민감하거나 사회적 지위를 드러내는 명품이 있으며, 반면에 가격이 떨어지는 상품은 하드디스크, 공산품 등 가치가 명백한 제품이다.

디아지오코리아의 윈저 사례는 성숙 시장에서의 제품과 가격의 스몰 체인지가 얼마나 큰 위력을 발휘하는지를 잘 보여준다. 2000년대의 프리미엄 위스키 12년산 시장은 윈저, 임페리얼, 스카치블루 등이 경쟁하는 성숙 시장이었다. 윈저는 임페리얼에 밀려 오랜 기간 2위에 머물러 있었다. 윈저는 2009년 5월 원액과 병 디자인을 살짝 바꾼 리뉴얼 제품을 출시했다. 그리고 그 해 7월 가격을 4.7% 인상했다. 임페리얼은 가격을 그대로 유지하고 있었으며 일각에서는 가격이 인상된 윈저의 판매량이 떨어지고 임페리얼의 점유율이 상승할 것이라고 예상했다. 하지만 결과는 예상과 반대로 나타났다. 시장에서는 리뉴얼된 윈저에 크게 반응하여 판매가 급증했다. 2010년에 처음으로 임페리얼 판매량을 뛰어넘었고, 2011년 시장점유율 37%로 2년 연속 1위를 기록했다. 새로운 포장과 높은 가격이 고객에게 경쟁 제품보다 상대적 우위로 인식되어 구매를 증대시켰기 때문이다.

성숙기의 성공 법칙 4
우물 안의 개구리가 되어라

우물 밖으로 나와 뱀에게 잡아먹히느니 우물 안에서 편히 헤엄치는 개구리가 낫지 않겠는가? 성숙기에는 경쟁이 치열하다. 거대 기업이 아니면 대형화를 추구하기 어려워 살아남기 힘들다. 우물에서 나오지 말고 차라리 벽을 높게 쌓아서 우물을 견고히 할 필요가 있다. 그러면 향후에 힘을 길러 훗날을 기약할 수도 있을 것이다. 앞선 법칙들이 성숙 시장에서 주도권을 잡을 수 있는 법칙을 설명했다면, 이번에는 경쟁의 주도권을 놓쳤거나 늦게 시장에 뛰어들었을 때의 주도권 탈환 전략에 대해 설명하고자 한다.

규모를 뒤집어라: 단기 집중 투자 또는 가격우산

1900년대 중반 미국의 증기 터빈발전기 시장은 기업 규모를 증대시켜 주도권이 꾸준히 이동한 사례를 보여준다. 증기 터빈발전기 시장은 누적 생산량이 두 배가 되면 가격이 15% 인하되는 대형화 효과가 뚜렷한 시장이었다. 앨리스 찰머스는 1940년대 초 시장의 강자였다. 그러나 1946년 웨스팅하우스는 단기 집중 투자를 통해 급격히 대형화를 추진했다. 기초 설비를 늘리고 대량생산 체계를 갖춰 제조비를 낮춘 웨스팅하우스는 시장 1위로 부상했고, 앨리스 찰머스는 경쟁에서 밀려 도태되었다. 그러나 웨스팅하우스의 절대 권력은 오래가지 못했다. 경쟁사였던 제너럴일렉트릭은 웨스팅하우스가 높은 가격을 유지하는 동안 저가 시장을 잠식하며 꾸준히 대형화를 지속하는 인큐베이팅을 했다. 결국 제너럴일렉트릭은 1963년 웨스팅하우스를 누르고 시장의 주도권을 거머쥘 수 있었다. 성숙 시장에서 거대 경쟁자를 규모로 추월하는 방법은 단기 집중 투자와 가격우산 두 가지다. 웨스팅하우스처럼 경쟁 주도권을 탈환하기 위해 단기 손해를 감수하며 대규모 투자를 감행하거나 단기 집중 투자, 또는 거대 경쟁자가 높은 가격을 유지하고 있을 때 제너럴일렉트릭처럼 낮은 가격으로 점유율을 유지하면서 인큐베이팅을 지속하는 것가격우산이다.

이렇듯 거대 경쟁자와 경쟁하려면 인큐베이팅이 필요하다. 이는 한국의 개발도상국 때의 발전 방향과 유사하다. 한국은 글로벌 대기업들과 경쟁하기 위해 대기업 위주의 철저한 인큐베이팅을 추진했다. 이후 충분한 경쟁력을 갖춘 한국의 대기업들은 글로벌화된 세계시장에서 두각을 나타낼 수 있었다. 반면, 대만과 같이 중소기업이 발달한 나라에서는 시장이 분산되었을 때 수익을 올릴 수 있었으나 글로벌 시대의 초대형 기업으로 성장하는 데는 어려움을 겪고 있다.

하지만 인큐베이팅이 언제나 쉬운 것은 아니다. 경쟁 시장에서 특히 제조업에서는 어느 한쪽이 죽어야 끝나는 치킨게임을 벌이게 되는데 그 이유는 무엇일까? 서로 공존하며 시장을 형성할 수는 없는 것일까?

성숙 시장에서의 주도권 싸움은 산업에 굴곡이 생길 때마다 꾸준히 발생한다. 앞서 살펴본 반도체 시장의 일본 기업 파산 사례도 1980년대 중반의 상황과 유사하다. 삼성전자가 했던 것처럼 일본 기업도 똑같이 치킨게임을 벌여 주도권을 잡았던 것이다. 1980년대 미국의 인텔은 중견 기업 수준의 규모로 반도체 시장에 뛰어들었다. 이에 일본의 대기업들은 가격을 대폭 인하하며 대대적인 공세를 펼쳤다. 인텔은 울며 겨자 먹기로 가격을 인하했다. 반도체 가격은 원가 이하로 내려갔고 1986년 인텔은 수천억 원의 적자를 기록했다. 결국 인텔은 반도체 사업에서 DRAM 쪽은 철수하고 경쟁이 없던 마이크로프로세서 쪽에 집중하게 되었다. 그렇다면 어째서 일본 기업은 무리해서 인텔을 시장에서 제거하려 했을까? 치킨게임을 하는 이유는 대형화의 장

1부 시장 변화에 민감하라

점뿐 아니라 장기적 수익성을 고려한 전략이다. 게임이론 중 '선취권 Pre-emption' 법칙이 있다. 시장에서 잠재적인 경쟁 위협을 남겨두지 말고 미리 제거할 것이라는 신호를 강하게 보내는 것이다. 잠깐 수익성이 떨어지더라도 시장에서의 독점적 권력을 놓지 않겠다는 의사 표현이다.

이렇듯 자본을 앞세운 거대 기업은 불황을 견딜 경쟁력이 있기 때문에 도전자가 상대하기는 역부족이다. 그렇다면 시장 주도권을 쥐고 있는 거인의 극단적인 경쟁 상황을 무너뜨릴 방법은 무엇일까?

경쟁을 피하라: 시장 분할 또는 진입 장벽

한국의 스포츠화 및 러닝화 시장은 오랜 성숙기를 겪고 있었다. 나이키, 아디다스, 뉴발란스 등 쟁쟁한 글로벌 기업들이 경쟁하고 있는 거대 시장이었다. 하지만 2000년대 들어와 웰빙 열풍과 함께 걷기가 유행하기 시작했다. 주요 수입 업체들로부터 걷기 전용 운동화인 '워킹화'라는 제품이 국내에 소개되면서 이 시장의 가능성이 보이기 시작했다. 이때 소규모 업체들에게도 기회가 찾아왔다. 그 중 린코리아는 기능성 워킹화를 빠르게 개발하여 시장을 잠식해 갔다. 기존의 러닝화 시장은 스포츠 스타를 내세워 전문적으로 운동하는 고객을 타깃팅했다. 하지만 린코리아는 웰빙 열풍과 더불어 누구나 편하게 신고 가볍게 걸을 수 있는 워킹화를 내세웠다. 린코리아는 결과적으로 기존의 러닝화 시장에서 워킹화를 따로 떼어놓고 새로운 시장을 형성하는 데 성공했다. 쟁쟁한 거대 경쟁자와 시장을 분할하여 경쟁으로 인한 피해를 줄인 것이다. 린코리아는 2007년 설립 후 2008년 매출 380억 원에 달할 만큼 빠른 성장을 일궈냈다. 이후 유사 업체들이 진출하고 프로스펙스와 리복 등 기존 메이저 브랜드가 진입하자 시장이 더욱 커졌지만 린코리아는 워킹화 시장에서 탄탄한 경쟁력을 유지할 수 있었다.

경쟁 시장에서 소규모의 경쟁자로 있으면서 경쟁의 주도권을 탈환하려는 시도는 자칫 무모할 수 있다. 섣불리 자원을 낭비하지 말고 틈틈이 기회를 엿보며 틈새시장을 찾아야 한다. 틈새시장에 맞춰 회사의 역량을 강화하면 새로운 전쟁터에서 거인에 맞설 수 있다. 아웃도어 시장에서의 노스페이스의 전략도 이와 유사하다. 기존의 K2, 컬럼비아 등이 산악인을 내세워 전문성을 강조했지만, 노스페이스는 아웃도어를 패션 콘셉트로 내세워 경쟁 시장에서 분리했다. 시장 분할은 거인과 경쟁을 피하는 가장 좋은 전략이다. 경쟁이 심한 성숙 시장에서 가장 현명한 선택은 이길 수 없다면 경쟁을 피하는 것이다.

거인을 상대하기 위해 경쟁자와의 시장을 분리할 수도 있지만, 강력한 고객 기반과 장점을 살려 경쟁자와의 진입 장벽을 구축하여 마켓에서 절대 강자로 군림할 수도 있다. 글로벌 대형 금융사들 틈에서 개인 금융 시장의 절대 강자로 군림하고 있는 에드워드 존스는 그 좋은 사례다.

미국의 개인 금융 시장은 경쟁이 심화되고 JP 모건, 씨티은행, UBS 등 쟁쟁한 글로벌 금융사들이 개인 금융 시장의 대부분을 차지하는 고도의 성숙 시장이다. 1922년에 설립되어 미주리 주 세인트루이스에 본부를 둔 개인 금융 회사인 에드워드 존스는 인적 네트워크를 활용하여 높은 진입 장벽을 구축함으로써 경쟁에서 벗어나 견고한 수익을 내고 있다. 에드워드 존스는 오랜 기간 지방이나 변두리 지역의 고객들을 대상으로 강력한 관계를 구축했다. 고객의 가구당 금융자산 정보를 관리하고 지인 및 친척 관계 정보를 구축하는 등 지역적 특성과 오랜 시간 축적된 관계를 이용하여 대형 경쟁사들이 갖추기 어려운 독보적 경쟁력을 갖췄다. 대도시 상권이 아닌 지방에서 진입 장벽을 높인 결과 튼튼한 수익을 올리면서 2001년, 2002년 2년 연속 《포춘Fortune》에서 선정한 미국에서 가장 일하기 좋은 100대 기업 1위에 올랐다.

아프릴리아Aprilia는 1945년에 설립된 이태리의 오토바이 회사인데 스쿠터를 주로 생산하며 디자인과 마케팅 그리고 조립에 초점을 맞춰 경쟁력을 유지하고 있다. 아프릴리아는 연료와 오일이 같이 연소하는 2기통 방식을 고집하며 이 방식을 좋아하는 고객군을 타깃으로 한 제품만을 생산했다. 야마하, 할리데이비슨 등 유수의 오토바이 제조사에서 4기통을 고집하며 시장이 과열 경쟁으로 치닫는 상황에서 아프릴리아는 틈새시장에 집중했다. 아프릴리아는 이태리에 있는 스쿠터 마니아들을 타깃으로 하여 그들의 주요 니즈인 실용성과 재미를 정교하게 조화시킨 제품의 개발에 집중했다. 마니아 시장은 대중 시장과 달라서 전체 규모에 한계가 있다. 하지만 오랜 기술 개발과 브랜드 노출 덕에 아프릴리아는 독보적 경쟁력을 갖출 수 있었다. 이러한 경쟁력을 바탕으로 진입 장벽을 구축할 수 있었으며 2000년대 초 미국 시장에 진출하며 2기통 마니아 시장을 석권할 수 있었다.

성숙기에는 글로벌화가 진행되고 생산기술이 향상되면서 대형화의 효과가 점차 강력해진다. 대형화를 통해 웬만한 대중의 니즈는 거의 충족시킬 수 있다. 하지만 고객의 세밀한 니즈는 해결하지 못하는 경우가 있다. 큰 병에 자갈을 넣으면 금방 채울 수 있지만 그 사이사이에 아직 모래가 들어갈 수 있는 공간이 남아있는 이치와 마찬가지다. 따라서 성숙기에는 대기업 한두 개와 다수의 소기업만이 살아남게 된다. 소기업으로 성공하기 위해서는 게릴라 작전이 필요한데 이는 에드워드 존스와 같은 지역적 특색 또는 관계를 활용하거나 아프릴리아 같이 특정 니즈에 맞춘 제조업이 있다. 무엇보다도 타깃 고객군에 정확하게 최적화하는 것이 중요하다.

Chapter4

쇠퇴기의 성공 법칙

죽음과 수익성은 끝까지 미뤄라

허리에 무선호출기삐삐를 차면 모두가 부러운 시선으로 바라보던 시절이 있었다. 무선호출기는 1990년대 중반 없어서는 안 될 필수 아이템으로 전국을 휩쓸었지만 1990년대 후반 휴대폰이 등장하면서 내리막길을 걷게 되었다. 소비자 입장에서는 더욱 편리한 휴대폰을 사용하게 되어 좋았지만, 무선호출기 제조 회사는 어떻게 해야 할까? 이와 같은 고민은 무선호출기 강자인 팬텍에게 다가왔다. 무선호출기 시장이 성장할 당시 팬텍은 시장의 주도자로써 급성장하여 1997년 매출액 769억 원을 기록하는 기염을 토했다. 하지만 휴대전화가 등장하고 무선호출기 시장이 주춤하자 팬텍은 무선호출기의 쇠퇴기가 올 것임을 직감했다. 따라서 무선호출기 시장에서의 점유율 확대보다는 내실을 다지는 수익성 경영에 돌입했다. 무선호출기 고객에 대한 과도한 지출을 줄이는 한편 적정가격 수립을 통해 매출을 늘려 현금 확보를 강화했다. 이와 동시에 환골탈태의 과정을 거쳐 휴대폰 제조 기술을 확보했다. 팬택은 탄탄한 기술력과 자본력을 바탕으로 글로벌 대기업과 어깨를 나란히 하는 휴대폰 제조 기업으로 거듭날 수 있었다.

팬택은 무선호출기 시장의 쇠퇴기를 성공적으로 대처한 사례다. 쇠퇴기에 무리하게 점유율을 확대하거나 매출을 증대시키려는 노력은 큰 도움이 안 된다. 일반적으로 쇠퇴기에는 기술적으로 진보된 대체재가 출현하게 되며 이에 따라 시장이 축소되면 회복은 불가능하다. 쇠퇴기에는 경쟁이 감소하고 유통이 축소되는 현상이 나타난다. 시장의 파이가 작아지기 때문에 나타나는 현상인데, 이때는 수익성을 강화하여 최대한 현금을 확보하는 것이 중요하다. 이와 동시에 새로운 성장 기회를 찾아야 한다.

쇠퇴기의 성공 법칙 1
캐시카우를 죽여라

버진 모바일Virgin Mobile은 영국에 기반을 둔 이동통신 사업자로 2001년 합작회사로 미국에 진출했다. 2000년대 미국의 모바일 시장은 버라이즌, T-mobile 등 대형 통신사들의 2G 시장 경쟁이 치열한 상황이었다. 점차 3G 시장으로 이동하면서 2G 시장은 경쟁 강도가 낮아지고 유통이 축소되는 쇠퇴기 현상이 나타나기 시작했다. 버진 모바일은 이를 포착하고 보수적인 고객들을 대상으로 수익성 경영을 전개했다. 새로운 기술에 반응이 늦고 적당한 가격과 통신 품질에만 관심이 있는 2G 고객을 대상으로 'MVNOMobile Virtual Network Operator' 형식의 사업을 진행했는데, 이는 기지국, 무선전송 등 대형 통신 설비를 임대하여 버진 모바일 역량가입자 관리, SIM 카드, 마케팅 등과 결합한 서비스를 통해 투자를 최소화하고 우량 고객을 대상으로 수익을 극대화했다. 버진 모바일이 중점을 둔 항목은 '고객 생애가치Customer Lifetime Value'였다. 버진 모바일은 고객 유치 비용, 통신 수입/비용, 고객 유지 비율, 연이율을 이용하여 각 고객의 가치를 산정했다. 생애가치가 마이너스인 고객은 유치를 중단하고 생애가치가 높은 고객만 타깃팅하여 적정가격과 프로모션을 진행했다. 버진 모바일은 생애가치가 높은 캐시카우cash-cow를 공략하여 현금을 확보하고 3G 시장에서의 자본 경쟁력을 갖출 수 있었다.

사업에 뛰어든 상태에서 수익성은 쇠퇴기까지 최대한 미뤄야 한다. 그 이유는 수익성에 미래 가치를 반영하기가 어렵기 때문이다. 따라서 수익성은 성장 또는 성숙기에는 잘 맞지 않으며 저성장이나 쇠퇴기에 정확히 측정된다. 성장기에는 주도권 가치가 크기 때문에 시장점유율고객수을 늘리는 데 주력하고, 성숙기에는 중장기 경쟁력 측면에서 매출을 중요 지표로 삼아야 한다. 수익성은 쇠퇴기나 캐시카우 고객을 대상으로만 측정하는 것이 효율적이다. 가장 정확한 측정 방식은 고객

생애가치를 계산하는 것이다. 이를 위해서는 정확한 고객 매출, 고객 유지 비율과 남은 생애기간을 예측해야 한다. 이때 캐시카우 고객을 상대로 하는 것이 상대적으로 정확한 결과를 도출할 수 있다. 쇠퇴기에는 무리하게 비용을 투자하지 말고 캐시카우 고객으로부터 최대한 수익을 내고 다른 성장 기회로 눈을 돌리는 것이 좋다.

2013년 현대카드는 성장세가 주춤한 국내 신용카드 시장에서 쇠퇴기에 대비하여 수익성 경영 전략을 추진했다. 신용카드는 현재 국민, 신한, 삼성 등 대형 기업의 경쟁이 첨예한 성숙기다. 2013년 9월 신용카드 시장 최초로 마이너스 성장을 기록하였으며 수수료 인하 등으로 인해 시장의 축소가 예상되었다. 이에 현대카드는 2000년대 초반 카드 시장이 빠르게 성장할 때 공격적으로 점유율을 확대했던 전략을 버리고 쇠퇴기 전략으로 수정했다. 고금리 고객이 상대적으로 많아 수익성 리스크가 있다고 판단하여 고객 확보 기준을 재편한 것이다. 현대카드는 공헌이익을 중심으로 고객을 그룹화하고 고가치 고객 위주의 유치 전략을 전개했다. 이렇듯 시장 축소 및 경쟁 저하가 예상될 경우 고객 가치를 산정하고 수익성 경영을 하는 것이 필요하다.

하지만 시장의 축소를 예측하고 수익성 위주의 경영을 펴는 것은 매우 신중할 필요가 있다. 수익성 위주의 경영은 자칫 보수적인 방향으로 흐를 수 있으며 따라서 미래의 성장 기회를 놓칠 수 있기 때문이다.

2000년대 후반 세계적으로도 명성이 높은 국내의 한 핸드폰 제조 기업이 수행했던 수익성 경영은 성장 기회에 적절히 대응하지 못한 사례다. 당시 그 기업은 수익성을 최우선으로 하여 수익성이 낮은 사업을 과감히 정리하고 투자를 삭감했다. 당시 정체를 지속하며 허덕이던 상황이 호전되어 영업이익이 상승하고 주가가 반등하는 등 내실 있는 기업으로 거듭나는 듯했다. 하지만 과도한 수익성 경영은 부메랑이 되어 돌아왔다. 무리한 원가절감, R&D 투자 축소 및 스마트폰 시장에 대한 뒤늦은 대응으로 인해 성장 동력을 잃는 위기를 자초한 것이다. 핸드폰 사업부는 2010년 7090억 원, 2011년 2810억 원의 막대한 적자를 기록했다. 이후 핵심 역량을 살려 스마트폰 시장에서 맹추격에 성공하지만 주도권을 되찾기는 쉽지 않은 여정이었다.

정체 시장에서 수익성을 확보하는 것은 바람직하지만, 섣불리 수익성을 좇다가 성장 기회를 놓치는 우를 범해서는 안 된다. 특히 성장 가능성이 높은 첨단 기술 기반의 R&D나 마케팅이 중요한 산업의 경우 타이트한 수익성 관리보다는 유연한 경영이 필요하다.

이스트먼 코닥Eastman Kodak의 사례는 쇠퇴기에 무리하게 확장하려다 실패한 경우다. 코닥은 경쟁사보다 월등히 높은 필름의 품질 덕분에 높은 가격에도 불구하고 1990년대 미국 카메라 필름 시장에서 70% 이상의 점유율을 기록한 부동의 1위 기업이었다. 하지만 당시 디지털 카메라와 카메라가 내장된 핸드폰이 보급되면서 필름 시장은 축소되고 있는 추세였다. 코닥은 쇠퇴기의 흐름에도 불구하고 떨어지는 매출을 회복하고자 저가 보급형 필름인 펀타임Funtime을 출시했다. 경쟁사인 후지컬러Fujicolor가 보급형 필름 시장을 잠식하고 있었기에 이에 대응하고자 한 것이었다. 결과적으로 펀타임 출시로 인해 시장점유율은 약간 상승하였으나 수익성에 큰 타격을 입게 되었다. 첫째로 저가의 펀타임은 기존의 자사 고급 필름 제품에 비해 수익성이 매우 낮았으며, 둘째로 펀타임이 고급 필름 매출을 잠식하는 카니벌라이제이션cannibalization이 발생하였기 때문이다. 이렇듯 쇠퇴기의 시장에서는 경쟁을 위한 신규 투자를 줄이고 충성 고객을 대상으로 현금 확보에 집중할 필요가 있다.

쇠퇴기의 성공 법칙 2
고객을 완전히 버려라

"솔개는 대략 70년을 사는 조류인데 모두 70년을 사는 것은 아니다. 40년 정도 산 후 고통스런 변신을 하지 않으면 나머지 30년을 살 수 없다. 40년을 살고 나면 부리와 발톱이 무디어 진다. 따라서 솔개는 깊은 숲 속으로 들어가 부리와 발톱을 스스로 바위에 부딪쳐서 뽑아버린다. 그러면 새로운 부리와 발톱이 생겨나고, 그 새 부리와 발톱으로 사냥을 할 수 있게 되어 30~40년을 더 산다."

주로 경영인들이 구조조정에 인용하는 '솔개론'이다. 하지만 아무리 오래 살고 싶어도 솔개처럼 스스로 자기 부리와 발톱을 뽑아버릴 수 있을까?

유럽의 스포츠 브랜드인 푸마는 솔개처럼 환골탈태한 사례다. 1969년부터 라이선스 계약을 시작한 푸마 코리아는 1990년대 후반까지 서울 변두리 상권에서 10~20평 규모의 노후한 매장만을 운영하고 있던 비주류 기업이었다. 미주 지역의 높은 브랜드 영향력에 비해 국내에서는 인지도가 낮았으며 일부 중장년층 고객만 반응하고 있었다. 이때 추진한 전략은 제로베이스 마케팅Zero Base Marketing이었다. 기존의 이미지를 모두 버리고 새로운 브랜드로 다시 태어나는 것이다. 장년 스포츠 시장을 버리고 젊은 패션 스포츠 시장으로 진입하기로 했다. 하지만 기존의 '푸마' 브랜드를 버리기보다는 장기간 축적된 인지도를 고려하여 '푸마'를 고수했다. 하지만 브랜드 이미지는 철저하게 바꿀 필요가 있었다. 푸마는 "기존의 고객은 모두 버린다"는 전략을 수립했다. 유명 디자이너 질 샌더를 영입하여 장년의 남성이 아닌 젊은 여성을 타깃으로 한 패션 콘셉트의 마케팅을 진행했다. 기존의 매장을 모두 철수하고 서울의 중심 상권인 이화여대, 압구정, 강남역, 명동 등에 핵심 매장을 오픈했다. 그 결과 젊고 트렌디한 여성 고객의 패션 스포츠 의류 구매가 급격히 증가했다. 푸마는 1999년 23%, 2000년 24%, 2001년 29%의 매출 성장률을 기록하며 패션 스포츠 시장의 강자로 우뚝 섰다.

푸마가 솔개처럼 완전한 변신을 꾀한 이유는 무엇일까? 기존의 고객과 새로운 고객을 같이 끌어들일 수는 없을까? 쇠퇴기에는 성장하는 시장을 찾아야 하는데 기업의 전략을 하나로 두고 두 가지 이상 고객군을 타깃팅하는 것은 매우 위험하다. 잘못하면 애매한 포지셔닝 때문에 어느 고객층도 잡을 수 없게 된다. 푸마는 기존의 장년 스포츠 시장이 쇠퇴함에 따라 극심한 수익성 악화를 겪게 되었다. 따라서 성장하는 패션 스포츠 시장에 올인하는 배수의 진을 침으로써 반전의 기회를 잡을 수 있었다.

비디오 렌털 기업인 블록버스터Blockbuster는 미국 비디오 렌털 시장에서 부동의 1위를 차지하고 있는 절대 강자였다. 전통적 비디오 렌털 사업은 고객이 오프라인 매장에 방문하여 DVD를 대여하고 다시 반납하는 절차로 이뤄진다. 블록버스터는 오프라인 시장의 강자로써 미국 전 지역에 광활한 채널망을 확보하고 있었다. 하지만 2000년대 중반 정보통신이 발달하고 운송 수단이 늘어나면서 VOD 주문형 비디오 및 우편 배송 시장이 확대되었고, 넷플릭스Netflix, 부두VUDU 등 신흥 경쟁자들이 뛰어들었다. VOD 우편 배송 렌털 시장은 성장기였고 오프라인 렌털 시장은 쇠퇴기였다. 블록버스터는 기존 쇠퇴 시장과 새로운 성장 시장이라는 두 마리 토끼를 동시에 공략했다. 2006년 11월 블록버스터는 통합 이용 프로그램Total Access Program을 통해서 우편 배송으로 주문하고 매장에 방문하여 반납하도록 했다. 가격도 넷플릭스에 대항하기 위해 DVD 세 개에 20달러로 책정했다. 하지만 이러한 전략은 결과적으로 연간 5천만 달러의 매출 하락을 불러오며 대실패로 끝나고 만다. 그 근본 이유는 애매한 포지셔닝이었다. 오프라인 매장을 방문하는 고객에게는 낮은 가격을 책정해 수익성 하락을 초래했으며,

　　　　　　　　　　　　　　　　　　　1부 시장 변화에 민감하라

우편 배송 고객은 반납의 불편함 때문에 블록버스터를 외면하는 결과를 낳았다. 결국 2011년 블록버스터는 매각되었다. 블록버스터가 살아남기 위해서는 성숙기인 오프라인에서 수익성을 강화하여 현금을 확보하고, 성장기인 VOD 우편 배송 렌털 시장에서 새로운 브랜드를 구축하여 시장을 빠르게 장악했어야 했다.

미국의 JC페니 백화점 또한 타깃 포지셔닝의 실패를 보여준다. JC페니는 100년 채권을 발행할 정도로 승승장구하며 강력한 충성 고객층을 가지고 있었다. 하지만 2000년대 들어와 고객층이 노후화하고 있었으며, 마트형 백화점 콘셉트가 더 이상 지속될 수 없다는 것을 깨달았다. 따라서 JC페니는 기존 고객을 유지하면서 젊은 고객층을 끌어들이고자 했다. 유행 패션 브랜드를 대거 유치하는 한편 할인 행사를 없애고 고급 패션 백화점으로의 변신을 시도했다. 하지만 결과는 참담했다. 애매한 포지셔닝으로 인해 수익성 높은 기존 고객을 놓치게 되었고, 새로운 젊은 고객층 확보에도 실패하게 되었다. 이와 같이 하나의 고객군에 맞춘 명확한 마케팅이 아니면 실패할 확률이 높다. 쇠퇴기의 고객을 완전히 버리는 이유가 여기에 있다.

JC페니 백화점과는 대조적으로 2013년 미츠코시 이세탄 백화점은 신규 성장 고객을 타깃팅하는 데 성공했다. 일본 백화점은 장기 불황에 빠졌을 때 미츠코시 이세탄 백화점은 이를 극복하기 위한 성장 동력을 찾기 시작했다. 조사 결과 급격히 성장하고 있는 골드미스 고객층을 발견할 수 있었다. 미츠코시 이세탄 백화점은 골드미스를 타깃으로 깔끔한 인테리어와 쾌적한 쇼핑이 가능한 미니 백화점 MI플라자를 새로 오픈했다. 기존의 고령 고객과 분리된 별도의 새로운 백화점_{공간}을 구성한 것이다. 이는 골드미스 고객층에 큰 호응을 얻어 불황을 겪고 있는 경쟁사들과는 달리 급성장의 계기를 마련하는 데 성공했다.

　쇠퇴기 시장에서 수익성 위주로 충분한 현금 확보가 이루어졌다면 새로운 시장을 찾아야 한다. 그리고 시장 진입을 결정했다면 제로베이스 마케팅을 수행해야 한다. 푸마처럼 인지도 높은 브랜드를 버릴 수 없다면 이미지를 환골탈태할 필요가 있다. 어설프게 쇠퇴 시장과 성장 시장을 동시에 노린다면 자칫 쇠퇴 시장에 발목을 잡힐 수 있다. 이는 기업의 쇠퇴로 이어질 수 있기 때문에 주의해야 한다.

Chapter5

숲을 보고 나무를 보고
자신도 보라

2000년대 들어와 눈부신 성장을 거듭했던 LED 시장은 중소 업체들에게는 기회의 땅이었다. 산업수명주기 관점에서 보면 LED 시장은 성장기를 구가하고 있었다. 따라서 성공 가능성이 높은 시장이었다. 하지만 당시 LED 붐에 편승해 사업에 뛰어든 회사들 중 대다수가 2013년에 들어와 적자에 허덕이고 있으며 대형 기업들 위주로 시장이 재편되고 있다. 성장 시장에서 실패한 이유는 무엇일까? 산업수명주기 단계별 전략 이외에 중요하게 고려해야 할 요소는 무엇이 있을까?

첫째, 거시 관점에서 시장을 이해해야 한다. 그러기 위해서 '경쟁 강도', '성장률', '규모' 등 세 가지를 분석하여 시장 매력도를 도출해야 한다. '성장률'은 산업수명주기를 설명하는 좋은 척도다. 성장기에 들어선 시장이더라도 순식간에 다른 기업들이 진입하므로 '경쟁'을 정확히 파악하는 것이 중요하다. LED 시장의 경우 경쟁자가 성장 초기에 집중적으로 진입했다. 그 이후 LED 시장은 표면적으로는 성장기였지만 성숙기의 경쟁이 시작되고 있었다. 또한 경쟁의 틈바구니에서 충분히 먹고 살 수 있는지 전체 파이의 크기인 '규모'도 봐야 한다.

둘째, 미시 관점에서 시장을 분석해야 한다. 시장을 어떻게 정의하느냐에 따라 성숙 정도가 완전히 다르기 때문에 시장의 범위를 분석해야 하며 시장의 성장/성숙 정도를 포착하는 프레임을 갖추어야 한다. LED 산업은 전 세계적으로 엄청난 성장을 보이고 있었지만, 미시적으로 살펴보면 상황은 전혀 달랐다. 핵심 부품 제조는 높은 진입 장벽이 있었으며 패키지 모듈 쪽만 진출이 가능했다. 따라서 LED 패키지 모듈 시장의 성숙기를 세부적으로 분석했어야 했다. 국내 중소 LED 업체들은 패키지 모듈 중심으로 산업용 조명, 집어등 등의 시장에 본격 진출하였지만 이미 포화 상태였다.

마지막으로, 자사의 강점과 약점을 명확히 이해하고 있어야 한다. 위 LED 시장에서와 같이 성장하는 시장이지만 진입 장벽이 높고 장기적으로 자본력과 영업력이 뒷받침되지 않으면 결국 실패할 수 있다. 따라서 자사의 역량을 분석하여 시장에서의 성공 가능성을 면밀히 예측해야 한다. 사업을 시작하면 최종 목표까지는 험난한 여정이 있으며 매 고비마다 살아남는 전략을 수립해야 한다. 필요에 따라서는 사업의 구조를 변형하며 추진하는 다이내믹한 결단이 필요하다.

숲을 보는 방법
거시 관점의 시장

규모

미국의 제너널 매직General Magic사는 소규모 시장에서 실패한 사례다. 1995년 3월 AT&T 등 여러 통신사들과 제휴를 맺고 최초로 클라우드 컴퓨팅 서비스를 시작했다. 하지만 당시 클라우드 시장은 도입기였기 때문에 시장의 규모가 매우 작았다. 최고의 클라우드 기술로 시장에서는 절대적 주도권을 쥐었지만 전체 파이가 너무 작았기 때문에 수익성에 문제가 있었던 것이다. 결국 클라우드 컴퓨팅 사업은 계속되는 적자로 사업을 중단했다. 시장 규모가 작았기 때문에 실패는 이미 예견되었던 일이었다.

시장 전체의 파이가 작다면 아무리 경영을 잘하고 경쟁에서 승리하더라도 수익이 낮기 때문이다. 실제로 엔터테인먼트 시장 1위인 SM엔터테인먼트는 2012년을 기준으로 매출 1685억 원 수준인데 반해 화장품 업계 10위 기업인 보령메디앙스는 2012년 매출이 1769억 원 수준이다. 아무리 뛰어난 경영과 우수 제품이 있다 하더라도 시장의 파이를 키우는 것은 한계가 있다. 시장의 규모는 진출 여부를 가늠하는 중요한 문지방 역할을 한다.

성장

1990년대 교육 시장에서 매년 50% 이상 고속 성장했던 한솔교육의

한 관계자는 2000년대 들어 매출이 정체 현상을 보이자 안타까움을 표하곤 했다. "과거 직원들은 목표를 달성하겠다는 불굴의 의지가 보였는데 요즘에는 그런 모습을 찾아볼 수가 없다." 과거와 같은 고속 성장을 재현하기 위해 한솔교육은 매일같이 직원들을 독려했다. 과연 한솔교육은 과거와 같은 높은 성장을 다시 이뤄낼 수 있을까? 안정적으로 성장하는 비결은 시장의 흐름을 파악하고 성장하는 사업에 뛰어드는 것이다. 한솔교육은 1990년대 교육 시장 붐을 타고 급성장할 수 있었다. 이러한 성장의 흐름 속에서는 남들과 비슷하게 하더라도 쉽게 성장할 수 있었다. 현재 교육 시장은 불황이 계속되고 있는데 기업이 더 커지려면 다른 성장 산업으로 눈을 돌려야 한다.

성장률 분석을 통해 사업 성공의 가장 중요한 거대 흐름을 읽을 수 있다. 앞서 설명한 산업수명주기에서 볼 수 있듯이 성장하는 시장에서의 성공이 훨씬 쉽기 때문이다. 기업 성장의 원천을 조사한 결과에 따르면 사업 포트폴리오 모멘텀에 의한 성장이 46%로 시장점유율 상승에 의한 성장 21%보다 두 배 이상 높다. 힘들게 경쟁사 시장점유율을 빼앗아서 성장하는 것보다 성장하는 사업 포트폴리오를 구성하여 성장하는 것이 훨씬 쉽다는 결론이다.

글로벌 경기 침체에도 불구하고 한국 기업이 성장하고 있는 이유는 간단하다. 그것은 바로 한국 기업들이 경영 환경의 변화에 맞춰 포트폴리오를 신속하게 개선하고 있기 때문이다. 한국 기업들은 시장의 변화를 민감하게 감지하고 있으며 성장하는 산업을 찾아 발 빠르게 움직

1부 시장 변화에 민감하라

이고 있는 것으로 해석된다.

경쟁

"모바일 게임 시장이 폭발적으로 성장하고 있습니다. 문제는 경쟁자도 알고 있다는 것입니다." 모바일 개발 전문 업체 하비투스 CEO의 이야기다. 나는 하비투스 CEO에게 시장 철수를 권고했다. 앞서 언급한 LED 시장과 유사하지 않은가? 통계적으로는 성장률이 높지만 내부적으로는 이미 성숙기가 진행되고 있었던 것이다. 하비투스가 현재 성장기인 모바일 게임 시장에 합류하여 성장을 만끽할 수도 있다. 하지만 시장의 규모에 비해 경쟁이 매우 치열하다. 1000개 업체가 생기면 그 중 한두 곳만 성공하는 시장이다. 자사의 역량을 고려하지 않고 이런 시류에 몸을 싣는 것은 더 위험할 수 있다. 하비투스는 결국 성공 가능성이 낮은 모바일 게임 시장에서 철수하고, 역량에 적합하면서도 경쟁이 낮은 모바일 앱 시장에 뛰어들어 급성장할 수 있었다. 이렇듯 경쟁 현황 및 경쟁자 포지셔닝 맵을 도출하여 당사의 포지셔닝 전략을 수립하는 것이 필요하다. 경쟁을 분석할 때는 주로 경쟁자의 반응을 예측하여 시뮬레이션을 해보는 작업이 필요하다.

2001년 가을, 독일의 항공사인 게르마니아Germania는 프랑크푸르트와 베를린을 잇는 노선을 운행하는 서비스를 계획했다. 당시 그 노선은 루푸트한자Lufthansa 항공사에 의해 독점적으로 운영되고 있었는데 루푸트한자의 항공료는 488유로로 매우 높았다. 따라서 게르마니아는 198유로의 파격적인 가격으로 시장 일부를 차지하겠다는 계획을 세웠다. 게르마니아는 해당 노선에 뛰어들었으며, 이에 루푸트한자는 대응 방안을 검토했다. 루푸트한자는 시장 지배력과 품질 경쟁력이 있기 때문에 당시 아무런 대응을 하지 않는다면 시장의 20%만 뺏기는 것으로 분석되어 가격을 대폭 인하하는 것보다는 대응을 하지 않는 편이 사실 더 이익이었다. 하지만 288유로로 가격을 인하하기로 결정했다. 시장의 독점적 헤게모니를 놓지 않겠다는 루푸트한자의 의지였다. 루푸트한자의 가격 공세에 밀려 게르마니아는 시장점유율 10%의 저조한 실적을 지속하다가 결국 해당 노선에서 철수하고 말았다.

이렇듯 경쟁 흐름은 경제적 수익이 아닌 경쟁 관계의 게임이론을 기반으로 움직인다. 규모나 성장과는 다르게 상대의 반응을 고려하여 전략적으로 계획을 수립해야 한다. 또한 경쟁 범위를 규명할 필요가 있는데 이는 정확한 시장의 경쟁 영향력을 분석하기 위함이다. 예를 들어 백화점의 경우, 경쟁 범위를 정할 때 백화점 경쟁사뿐만 아니라 마트, 아울렛, 온라인, 로드숍 등 넓은 범위의 유통시장을 보고 경쟁 환경을 분석해야 한다. 경영 환경이 변화하면서 시장 컨버전스가 발생하고 경쟁 상대가 계속 변경되는 현상이 일어난다. 예전에 검색엔진과 온라인 서비스만 제공했던 구글이 최근에 서비스를 확대하면서 웨어러블wearable 스마트 기기 시장의 삼성, LG와 경쟁하게 되었다. 사업 방향과 시장의 흐름에 따라 경쟁 관계를 정의하고 그에 따른 전략을 수립할 필요가 있다.

나무를 보는 방법
미시 관점의 시장

위기를 맞은 소비재 기업의 임원과 자리를 같이할 기회가 있었다. 그 기업은 방문판매를 통해 2000년대 초반까지 빠른 성장을 지속했다. 그러다 기존 영업 조직을 축소하고 온라인 등 다른 영업망으로의 변화를 꾀한 후 위기를 맞게 되었다. 성장 동력이라 할 수 있는 방문판매 조직을 정리하게 된 사정을 물었다. 당시 상황을 떠올린 그는 "그때는 방문판매 시장이 다 끝난 줄 알았다"고 말했다.

이러한 일은 비일비재하게 일어난다. 앞서 설명한 산업수명주기를 분석하고자 할 때 그 단계를 혼동하는 경우가 있다. 수많은 기업의 CEO와 전략 담당자들은 의사결정을 하기 전에 시장을 예측하고자 노력하지만 시장을 잘못 읽어서 시기를 놓치거나 잘못된 판단으로 기업을 위태롭게 하는 경우가 많다. 현대의 다양하고 급변하는 경영 환경에서 시장을 정확히 분석하는 일은 점점 어려워지고 있다. 그렇다면 시장을 정확히 판단하기 위해서는 어떻게 해야 할까? 미시 관점을 통해 세부 시장을 명확히 구분하고, 산업수명주기 각 단계별 특징을 기준으로 시장 단계를 판별하는 것이 필요하다.

세부 시장-잔잔히 흐르는 강에도 물살이 센 곳이 있다

SK텔레콤은 2013년 온라인 유통점인 'T월드 다이렉트'를 오픈했다.

오프라인 중심의 기존 유통에서 벗어나 새로운 성장 기회를 노린 것이다. 휴대폰 유통시장을 전체로 보면 2012년 연평균 2.6%만 성장하는 성숙 시장이었다. 이미 경쟁이 치열하여 진출이 쉽지 않았다. 이 시장은 명백한 성숙기며 진입하지 않는 것이 올바른 판단일 것이다. 하지만 시장을 세분화하여 보면 이야기가 달라진다. 휴대폰 유통시장에서 소매 채널은 연평균 11% 감소하고 있는 반면, 온라인 채널은 연평균 81%나 증가하고 있었다. 따라서 세부 시장 관점에서 온라인 휴대폰 시장은 성장기로 볼 수 있다. SK텔레콤은 세부 시장 분석을 통해 성장하고 있는 온라인 유통 진출을 결정했다.

이렇듯 시장을 세분화해서 보면 산업수명주기가 달라질 수 있다. 시장 별로 충분히 경계가 있고 진입 및 비즈니스 수행이 가능한 수준에서 시장 범위를 정의하고 분석해야 한다. 가능한 시장을 정밀하게 보고 산업수명주기를 판단하는 것이 중요하다. 그 이유는 너무 큰 단위로 분석할 경우 매력적인 세부 시장을 놓칠 위험이 있기 때문이다. 전통적인 산업 구분으로 보았을 때, 성장 산업은 극히 드물고, 있다 하더라도 이미 경쟁이 심한 레드오션이다. 그렇다고 기회가 없는 것은 아니다. 사회가 변하고 소비자의 니즈가 꾸준히 생성·소멸됨에 따라 성장하는 사업 분야는 언제나 존재한다. 다만 이 흐름을 큰 시장 단위로 바라보면 보이지 않기 때문에 시장을 적절히 세분화하여 보는 것이 필요하다. 잔잔히 흐르는 것처럼 보이는 강에도 물살이 센 곳과 약한 곳이 있기 마련이다.

<산업수명주기 단계별 특징>

단계	도입	성장	성숙	쇠퇴
성장률	증가 또는 정체	증가	정체	감소
경쟁 정도	낮음	증대	높음	감소
기업 특징	중소형 기업 수입 기업	대형 기업 진입 및 쉐이크 아웃	대형 기업 과점	대형 기업
제품	소수 제품	종류 증가	최적 개수	우수 제품
유통	제한적	판매점 수 증대	다양한 채널	축소
가격	높음	낮음	다양	다양
반응 고객	얼리어답터 사용	유행 민감 대중사용↓ 얼리어답터 감소	보수 대중 사용↓ 유행 민감 대중 감소	보수 대중 감소
전략	브랜드 구축↓ 교육/인지↓ 완전완비제품 개발↓ 캐즘 돌파 전략	모방↓ 소수 제품↓ 확장↓ 스피드	대형화↓ 전문화↓ 차별화↓ 경쟁 전략	수익성 강화↓ 턴어라운드

웅진싱크빅은 성숙기의 교육 시장에서 2013년 영업이익이 477.3% 급증한 401억 원을 기록했다. 경쟁사들과 다르게 홀로 높은 수익을 거둘 수 있었던 비결은 무엇일까? 교육 시장 전체 규모는 2011년 3.8% 감소했다. 전형적인 성숙기 시장이다. 하지만 시장을 세분화하여 보면 0~14세 유아 및 초등학생을 대상으로 한 엔젤 산업은 지난 10년간 연평균 15.8%나 성장한 매력적인 시장이다. 이를 또 다른 관점으로 세분화해 보면 교육 콘텐츠 사업은 연평균 16.5% 성장하며 성장 시장의 모습을 보인다. 웅진싱크빅은 이러한 세부 성장 시장에 사업을 확대하고 적자 사업이었던 수학, 영어 학원을 정리하는 등 적절한 대응을 통해 성공할 수 있었다. 이렇듯 시장에 뛰어들 때 자사의 역량에 기반하

여 시장 진입이 가능한 수준에서 가장 성장하는 세부 시장으로 진입하면 성공 가능성이 높다.

산업수명주기 정의

산업수명주기의 단계별 특징을 인지하고 명백히 구분할 필요가 있다. 주요 구분 속성은 시장의 성장률, 경쟁 정도, 반응 고객 등이 있다. 리서치를 통해 각 속성을 측정하고 최종적으로 단계를 도출하는 것이다.

도입기와 성장기의 구분

동화자연마루는 1990년대 초 유럽산 강화 마루가 등장할 당시 소비자의 반응이 좋았으며 수입산 원목 마루가 비싸다는 점을 감안하여 국내 생산으로 가격 경쟁력을 갖춰 시장을 제패하려는 전략을 수립했다. 이같은 전략아래 동화마루는 1996년 강화 마루를 생산하여 시장에 진출하였으나 소비자의 반응은 기대 이하였다. 그로 인해 오랜 정체를 겪게 되었는데 2000년대 중반에 이르러서야 층간 소음, 웰빙, 인테리어 디자인 등의 소비자 니즈가 폭발하기 시작했다. 그 결과 강화 마루가 합판 마루를 대체하며 급성장할 수 있었다. 이는 도입기를 성장기로 잘못 판단한 케이스다. 특정 고객군이 반응하여 소비가 증가하는 것을 일반 대중이 반응하는 것으로 착각하고 성장기로 판단한 것이다.

도입기가 지속되고 '대중화하기 이전에 수요가 정체되는 시기가 존재하며 이를 캐즘이라고 부른다. 이러한 캐즘이 발생했을 때 시장 성장이 종료되었다고 여기고 일찍 철수하는 실수를 저지를 수 있다. 캐즘을 넘으면 성장기로 진입하게 되는데 성장기에 가장 먼저 반응하는 유행 대중 고객은 완전완비제품에 폭발적으로 유행을 일으키는 고객군이다. 주로 가격 및 유행에 민감하며 비교적 젊은 고객층이다. 1990년대 강화 마루 시장은 가격이 높았으며 주로 수입 및 중소형 기업만 있었고 유통이 제한적이어서 일반 대중에 알려지지 않았음을 볼 때 도입기였다. 하지만 이후 캐즘을 넘어 폭발적인 대중 소비 시장이 열렸으며 성장률이 높고 유통 및 경쟁이 확대되는 성장기로 진입했다.

성장기와 성숙기의 구분

2000년 후반 시장에 뛰어든 카페베네는 당시 커피 전문점 시장이 포화 상태로 더 이상 성장이 어려울 것이라는 전문가들의 예상이 있었다. 하지만 뚜껑을 열어보니 카페베네는 매년 급성장을 거듭했다. 커피 전문점 시장이 성숙기인 줄 알았는데 여전히 성장기였다. 당시 소비자의 니즈는 충분히 높았지만 입지 한계가 장벽으로 작용하여 성장이 주춤했던 현상을 성숙기로 잘못 판단한 것이다. 숨겨진 니즈를 파악한 카페베네는 소비자 접근성을 높인 매장의 입지 전략으로 시장을 확대해 나갔고, 커피 전문점은 여전히 성장기를 이어갔다.

성숙기에서는 성장률이 정체됨과 동시에 경쟁이 극대화되어 차별화된 상품들이 나오기 시작한다. 대형화의 장점을 살려 대형 기업들의 과점 상태로 재편되게 된다. 2000년대 후반 커피 전문점 시장에서는 규모의 성장세가 한풀 꺾였지만 성장률이 정체하지는 않았다. 치과나 휴대폰 대리점처럼 경쟁이 과도하게 심하지도 않았다. 커피 전문점은 유행 민감 대중의 수요가 꾸준히 증가했다. 커피 전문점 시장은 2013년에도 약 6.6% 성장하였으며 일본의 커피 시장이 우리나라보다 다섯 배나 높은 것을 감안할 때 여전히 성장기로 분석된다.

도입기와 성숙기의 구분

서서 타는 자전거인 세그웨이와 과거 선풍적인 인기를 끌었던 돌침대는 둘 다 성장이 정체된 상태다. 그럼 둘 다 성숙기로 보고 같은 전략을 써야 할까? 성장이 정체한 산업은 도입기 또는 성숙기인데 이는 유사한 특징을 갖는다. 따라서 혼동하는 경우가 많은데 이를 면밀히 구분해야 한다.

도입기 초기에는 반짝 높은 성장률을 보이다가 이내 성장이 정체된다. 이는 성숙 및 쇠퇴기와 유사할 수 있는데, 이에 대해 성급히 잘못 판단할 수 있다. 도입기에는 성장률이 낮다는 점 외에 얼리어답터 고객군만 사용하고 있다는 특징이 있다.

새로운 제품이나 서비스가 시장에 도입될 때 고객군에 따라서 받아들이는 시기의 차이가 있다. 새로운 시도를 두려워하지 않고 오히려 즐기며 가격에 둔감한 고객얼리어답터들이 있는가 하면 주위 사람이 좋다고 이야기기해야 한번 저렴한 가격에 선택해 보는 고객보수 대중들도 있다. 도입기에는 소수얼리어답터만 정보를 공유하고 있고, 성숙기에는 정보가 충분히 불특정 다수대중에게 전달된다. 세그웨이 같은 경우 얼리어답터들만 사용하고 있고 가격 또한 높아서 도입기로 볼 수 있다. 하지만 돌침대의 경우 보수 대중이 사용하며 경쟁이 치열해 성숙기로 보는 것이 정확한 판단이다.

성숙기와 쇠퇴기의 구분

1886년에 설립된 코카콜라는 한 해에 470억 병을 판매하는 부동의 1위 브랜드 기업이다. 콜라 시장이 성숙기로 들어선지 100년이 지난 지금에도 쇠퇴기가 오지 않았다. 그동안 탄산음료 시장에는 콜라 이외에도 다양한 종류의 탄산 제품이 나왔지만 콜라를 대체할만한 대체재가 나오지 않은 것이다. 성숙기가 지나면 쇠퇴기가 오는데, 성숙기는 얼마나 지속될까?

성숙기는 혁신적인 제품으로 시장이 완전히 넘어가지 않는 한 오지 않는다. 성숙기의 기간은 매우 다양하여 일반화할 수 없다. 기술의 진보가 빠른 산업일수록 쇠퇴기가 빨리 도래한다. 쇠퇴기에는 일반적으로 대체재가 출현하게 된다. 고객의 니즈는 그대로다. 니즈가 없어지는 경우는 없다. 니즈를 해결하고 있던 제품에 대해 정확한 대체재가 출현하게 되면 그 제품은 쇠퇴기를 맞이한다. 하지만 정확한 대체재가 아닌 경우, 시장이 줄어들어 성숙기를 지속하는 경우도 있다. 가정용 전화기 시장이 이와 같다. 휴대전화 시장이 급성장함에 따라 가정용 전화를 일부 대체하는 현상이 발생했다. 휴대전화의 등장은 가정용 전화기 시장의 위축을 가져왔지만 고객의 니즈를 모두 대체하지는 못했다. 따라서 가정용 전화기 시장은 인터넷 전화, 복합기, 정보통신 기능 등이 강화되면서 성숙기 시장을 이어가고 있다.

나 자신을 보는 방법
핵심 역량을 찾아라

의료 기계 수리공이었던 야마하 도라큐슈는 우연히 일본 하마마츠 지역 초등학교의 풍금 수리를 의뢰받게 되면서 서양식 리드 오르간 매력에 빠지게 된다. 결국 수많은 시행착오를 통해 1887년 리드 오르간을 직접 완성하며 악기 제조사로 출발한다. 1897년 일본 악기제조 주식회사를 설립하여 주로 피아노와 오르간을 생산하던 야마하는 연구를 거듭하여 얻은 첨단 기술력과 소재를 바탕으로 1954년 오토바이 생산을 시작한다. 오토바이 생산을 필두로 20세기 중반부터 지속적으로 양궁, 반도체, 골프채, 시스템키친, 자동차 내장 용품, 합금 등으로 사업 영역을 확대하면서 성장을 꾀했다. 한 우물 파기가 아닌 한눈팔기의 대명사로 120년의 역사 동안 수많은 영역으로 사업을 확장하며 성장했던 야마하는 1990년대 후반 경제 위기와 함께 어려움을 겪는다. 야마하는 전방위적 산업 확장을 중단하고 자사의 고유한 핵심 역량인 악기 기술에 집중하며 악기 사업 위주로 사업 전략을 수정했다. 1999년 하마마츠 시에 있는 반도체 공장의 매각을 시작으로 리조트 사업과 전자 금속 재료 사업, 박막자기 헤드 사업 등을 과감하게 구조조정 했다. 2007년 6월 우메무라 사장은 '더 사운드 컴퍼니'를 비전으로 내걸고 본업인 악기 및 음향 분야 강화에 총력을 기울이기 시작한다. 야마하는 악기 분야에서 경쟁자를 물리치고 현재 세계적으로 매출 159억 달러2010년 기준를 올리는 악기 산업의 최강자로 올라섰다. 야마하는 성장하던 반도체, IT산업보다 자사 정체성과 경쟁력이 있는 악기 사업에 집중함으로써 최강자의 자리에 오를 수 있었다.

멀티태스킹 하지마라

월트 디즈니 컴퍼니는 1923년에 설립된 종합 미디어 엔터테인먼트 회사다. 디즈니는 스튜디오 영화 사업으로 출발했다. 여러 가지 영화를 만들었지만 최대 성공작이자 디즈니의 정체성을 확립하게 된 작품은 〈미키마우스〉였다. 〈미키마우스〉를 통해 디즈니는 가족 오락family entertainment을 위한 회사라는 강력한 브랜드 가치를 갖게 된다. 디즈니는 이 핵심 역량을 기반으로 이후 모든 사업을 추진했다. 디즈니랜드, 디즈니파크와 같은 리조트/공원사업, 디즈니 인형, 의류, 식품 등 소비재 사업, ESPN, 디즈니 채널, 인터넷 그룹 등 미디어 사업에도 진출했다. 이러한 모든 사업의 중심에는 가족 오락이라는 정체성이 있었다. 가족 오락을 위한 기업이라는 정체성 아래 일관되게 사업을 확장해나갔던 것이다. 이 가족 오락을 위한 사업 역량은 어느 기업도 따라

갈 수 없는 핵심 역량이었으며, 눈덩이 불어나듯 견고하게 구축되어 기업 가치를 극대화할 수 있었다.

당시 월트 디즈니가 시장의 성장성만을 보고 따라갔다면 장기적으로 현재와 같은 굴지의 거대 기업이 될 수 있었을까? 월트 디즈니가 디즈니랜드를 설립한 1950년 당시 리조트 산업은 성장 산업이 아니었다. 제조업, 유통업 등 성공 가능성이 있는 다른 산업도 많았다. 하지만 중장기적인 계획과 사업의 성공 가능성 측면에서 핵심 역량인 가족 오락에 집중했다. 따라서 산업과 무관하게 관련성이 높은 사업들 순으로 확장했다. 그 결과 경쟁자가 넘볼 수 없는 핵심 역량을 갖추게 되었고, 대부분의 사업을 성공적으로 수행할 수 있었다. 핵심 역량은 경영자의 의지와 당시의 환경에 의해 자연적으로 구축된다. 이러한 핵심 역량을 견고히 구축하고 활용하는 것은 전략적인 문제로 사업의 성패와 직결된다.

에르고다음 다이렉트 보험은 온라인 전문 보험으로 오프라인 자동차보험 경험이 없었지만 성장기에 있던 온라인 보험 시장에서 고속 성장을 질주했다. 하지만 2010년 이후 자동차보험이 과열 경쟁 양상으로 치닫자 언더라이팅 및 경험 그리고 자본력에 한계가 있던 에르고다음은 경쟁에서 밀려나게 되었다. 보험사업에 필요한 핵심 역량이 탄탄하지 않았기 때문에 경쟁이 심화되자 직격탄을 맞은 것이다. 결국 에르고다음은 2010년에 435억 원의 적자를 기록하며 이후 악사 다이렉트에 인수되었다. 이렇듯 성장 시장에 뛰어들어 성공하는 것도 중요하지만 경쟁사를 이기는 핵심 역량을 구축하는 것이 더 중요하다.

시장의 성장성을 고려하면 모든 사업자가 성장기에 뛰어들어야 하지만 이는 핵심 역량이 불분명한 기업이 진입 장벽이 낮은 산업에 들어올 경우에 국한하며 그만큼 경쟁도 치열하다. 앞서 살펴본 산업수명주기에서의 전략도 중요하지만 자사의 핵심 역량을 고려해야 한다. 핵심 역량은 단기간에 쉽게 바꿀 수 없기 때문이다. 성장기에 모방 및 확장을 통해 성장했다 하더라도 핵심 역량을 구축하지 않으면 롱런을 기대하기 어렵다. 패밀리 레스토랑에서 품질의 핵심 역량을 갖추고 있던 VIPS가 성장기의 강자 아웃백 스테이크하우스를 꺾은 것과 기초 부품 핵심 역량이 없던 LED 업체들이 성숙기에 적자를 기록하는 것은 핵심 역량의 중요성을 일깨우는 중요한 사례라 할 수 있다.

핵심 역량은 경쟁자가 따라올 수 없는 기업의 고유한 역량을 말한다. 현대와 같이 전 세계적으로 전문화가 진행될수록 핵심 역량을 구축하고 활용하는 것은 점점 더 중요해지며 부의 양극화 현상이 발생하는 것도 이 때문이다.

성공보다 생존이 우선이다

진화론에 따르면 각 생명체가 진화할 때 새로운 환경에 적응하면서 진화를 거듭한다고 한다. 즉, 지능적으로나 기관 발달 측면에서 우월한 개체가 있다고 하더라도 당시의 환경에서 살아남지 못하면 아무런 소용이 없다. 지능이 떨어지더라도 환경에 적응해 살아남는 개체가 그 다음 진화를 진행할 수 있다. 무엇보다도 중요한 것은 어떻게든 살아 남는 것이다. 기업의 성장도 이와 같다. 특히 소규모 기업일수록 이상 적인 루트로 한 번에 목적을 달성할 수 없다. 대기업처럼 전폭적인 자 본 지원을 받으면서 목적하는 사업만 추진할 수도 없다. 따라서 각 단 계 별로 살아남을 수 있는 사업 방향을 다이내믹하게 추진해야 한다.

센싱 디바이스 기반의 의료 기기 벤처 회사인 네오펙트는 2011년 모바일 플랫폼 개발에 나섰다. 의료 기기에 들어갈 소프트웨어를 개발 하는 인력을 활용해 당시 수요가 많았던 모바일 플랫폼 개발을 수주하 였던 것이다. 이 회사는 2012년 재활 병원 시스템 구축 사업에 참여하 며 다시 의료 기기 사업과 다른 행보를 이어갔다. 이렇듯 소규모 회사 의 경우, 장기적인 발전을 위해 자본을 끌어들이는 것이 중요하며 그 럴 때 적절한 사업의 기회를 찾을 수 있다. 이 경우 다양한 기회가 있 는데 가장 중요한 것이 살아남는 것이고, 그 다음이 핵심 역량과 유사 한 분야에서 성장하는 것이다. 네오펙트는 센싱 디바이스 기반의 의료 기기 개발을 진행하면서 내부 소프트웨어 개발 핵심 역량을 동시에 발 전시킨 케이스다.

기업이 성장을 이어가기 위해서는 생존에 걸림돌이 되는 모든 것을 제거할 필요가 있다. 주로 현금 흐름과 같은 재무적 문제가 많은데 이 를 파악하여 위험을 제거하는 작업이 필요하다.

IBM도 이와 같은 케이스다. 1911년 'International Business Ma- chine'이라는 이름에 맞게 하드웨어 중심으로 시작했지만 주력인 메인

프레임 시장이 침체기에 접어들면서 생존 전략이 필요했다. IBM은 핵심 역량에 가장 근접한 소프트웨어 경쟁력을 확대하여 사업을 전개했으며, 소프트웨어 기업을 인수하고 컨설팅 전문가를 영입하는 등 성장 시장에 공세를 강화했다. 결국 IBM은 소프트웨어 시장에서도 경쟁력을 갖춰 2000년대부터는 매출액 중 서비스/컨설팅 비중이 가장 큰 몫을 차지하게 되었다. 이에 기반하여 IBM은 최근 메인프레임 시장에서 다시 성장 기회를 만들며 생존 전략을 적절히 구사하는 모습을 보이고 있다.

| 2부 | 고객을 보는 안목을 키워라

타깃팅하지 않은 마케팅 전략은
실패로 가는 지름길이다

프리미엄 수제 버거인 버거헌터는 2011년 야심차게 수제 버거 시장에 진출했다. 당시 수제 버거 시장은 고속 성장을 구가하며 대기업 계열인 버거헌터의 성공 가능성은 높아 보였다. 게다가 버거헌터는 수많은 고객 조사를 통해 최고의 매장을 구성했다. 하지만 뚜껑을 열어보니 다른 수제 버거 브랜드에 비해 실적이 저조했다. 경쟁 기업들이 승승장구하고 있는데 반해 버거헌터는 고객 반응이 좋지 않았다. 수제 버거를 좋아하는 고객들에게 버거헌터는 무엇이 부족했던 것일까?

1부에서는 시장을 분석하고 전략적으로 경영하는 법칙을 알아보았다. 시장을 보는 것이 사업 성공의 절반이라면 이제는 그 나머지 절반인 고객을 볼 차례다. 2부에서는 시장에 뛰어들어 그 시장의 고객에게 '물건을 팔 수 있는' 고객 분석 방법과 구체적인 실행 방안에 대해 논하고자 한다.

플레인 바닐라는 감미롭고 부담 없는 맛으로 오랫동안 꾸준히 팔려 온 아이스크림이다. 바닐라는 뚜렷한 특징이 없다. 따라서 대부분의 사람들이 싫어하지도 좋아하지도 않는다. 그렇다면 플레인 바닐라처럼 마케팅하면 어떨까? 대부분의 마케팅 담당자들은 자사 제품을 모든 고객에게 팔고 싶어 한다. 모든 고객이 살 수 있게 해야 많이 팔 수 있다는 강박관념을 가지고 있다. 그들은 타깃팅이라는 것을 마케팅 서적에서 본 적은 있지만 실제 실행해본 적이 없다. "젊은 고객에 맞추면 돈 많은 아줌마 고객은 아무도 안 살 텐데?" 마케팅 담당 임원 한마디에 아줌마 고객도 만족시키기 위해 마케팅 계획을 수정한다. 결국 모든 고객을 만족시키는 마케팅을 한다.

많은 CEO들이 타깃팅이란 "타깃하지 않은 고객은 포기하는 것"이라고 오해한다. 타깃팅하면 많은 고객을 만족시킬 수 없을 것이라며 불안해한다. 하지만 실상은 정반대다. 타깃팅하지 않으면 모든 고객을 놓치게 된다. 버거헌터의 사례도 초기에 이 사람 저 사람 모두의 니즈를 만족시키려다 보니 인테리어는 가족 고객, 맛은 학생, 가격은 직장인에게 맞춰져 누구에게도 맞지 않은 애매한 결과가 나온 경우다. 모든 고객에게 제품을 팔려고 하는 순간 기업은 헤어 나올 수 없는 늪으로 빠져든다.

이와 비슷한 경우로, 대형 오토바이를 전문으로 생산하던 할리데이 비슨이 레저 용품 제작사인 AMF와 합병 후 소형 모터사이클 개발에 주력하여 대형 오토바이부터 소형 오토바이를 아우르는 전체 시장을 장악하려 했지만 1970년대 시장점유율이 25%까지 떨어지고 말았다. 국내에서는 이랜드 SPA브랜드 SPAO가 2011년 'All generation'이라는 슬로건과 함께 모두에게 잘 팔리는 브랜드를 만들고자 했으나 여성

2부 고객을 보는 안목을 키워라

의류에서 참패를 경험한 사례가 있다.

타깃팅하지 않은 마케팅은 무조건 잘못된 마케팅이다. 하지만 타깃팅하면 모든 고객을 얻게 된다. 항공기 좌석의 모니터 메뉴를 설계할 때 타깃 대상은 '은퇴한 60대 노동자'라고 한다. 이 고객이 항공기 주요 고객도 아닌데 어째서 일까? 그것은 '은퇴한 60대 노동자'가 쓸 수 있게 메뉴를 설계하면 모든 고객이 쓸 수 있기 때문이다. 타깃팅의 본질적 의미는 바로 '모두에게 팔기' 위함이다.

도미노를 기억하라

스타벅스는 1990년대 아늑하고 여유로운 휴식을 제공하는 개성 있는 고급 커피 전문점이라는 콘셉트로 새로운 시장을 열었다. 스타벅스는 오픈 40년 만에 세계 50여 개국에 1만 7000여 개의 매장을 오픈하는 눈부신 성장을 이룩했다. 스타벅스 성공의 출발점은 정확한 타깃팅에 있었다. 스타벅스는 젊고 트렌디한 고객을 타깃팅하여 공간을 구성했다. 국내에서는 커피 한 잔에 4000~5000원을 책정한 스타벅스를 비난하면서 반대 여론이 들끓었다. 하지만 처음에는 얼리어답터인 젊은 여성 고객만 이용하더니 점차 유행이 퍼지고 지금은 모두가 거부감 없이 이용하며 대중화 되었다. 도미노처럼 고객들에게 전파된 것이다. 만약 스타벅스가 버거헌터처럼 처음부터 대학생, 직장인, 아줌마, 노인을 모두 타깃팅해서 공간을 구성하였으면 어떻게 되었을까? 아마도 모두에게 만족스럽지 못한 어중간한 매장이 되었을 것이며 유행을 만들어내지 못했을 것이다.

도미노를 쓰러뜨릴 때 맨 뒤를 쓰러뜨리는 사람이 있을까? 맨 앞의 도미노를 쓰러뜨리면 맨 뒤까지 쓰러진다. 마케팅도 이와 마찬가지다. 고객이라는 도미노는 뒤에서 앞으로 넘어가지 않는다. 맨 앞의 고객을 쓰러뜨리면 맨 뒤의 고객까지 넘어간다. 인간은 사회적 동물로써 많은 관계를 맺고 있다. 주변 사람들의 영향을 받지 않고 자신의 의지만으로 제품을 구매하는 경우는 없다고 해도 과언이 아니다. 특히 현대와 같이 정보통신과 소셜 네트워크가 발달한 경우에는 네트워크를 고려하지 않고 마케팅하는 것은 심각한 자원낭비다. 따라서 네트워크 마케팅을 기반으로 타깃팅을 수행하여 최소 자원으로 최대 효과를 얻는 것을 목표로 해야 한다.

고객보다 고객을 더 잘 알아야 한다

1985년 코카콜라는 젊은 고객층을 타깃으로 전략적 신제품인 뉴코크를 출시했다. 당시 뉴코크에 대한 사전 조사에만 400만 달러를 지출했으며 20만 명 정도의 소비자 인터뷰를 수행했다. 시음 테스트에서는 63%대 37%라는 차이로 이전 제품을 압도했다. 이러한 결과를 바탕으로 코카콜라는 뉴코크에 대한 성공을 확신했으며 대대적인 판매에 들어갔다. 하지만 뉴코크는 시장에서 참패했다. 결국 1990년에 와서 판매를 중단하기에 이르렀다. 결과적으로 마케팅 비용 4800만 달러를 잃었으며 충성 고객의 신뢰를 떨어뜨리게 되었다.

어째서 고객 조사와 정반대의 결과가 나왔을까? 제품의 기능 이외에 인간 행동 심리, 가치관 등이 고객의 제품 구매 결정에 더 큰 영향을 미치기 때문이다. 기본 니즈 외의 고객 행동 원인 분석은 조사를 통해 결과를 얻기 힘든 분야다. 이때는 단순한 설문 및 통계가 아닌 고객의 속마음을 읽는 방법이 필요하다.

타깃팅을 명확히 하면 그들의 행동과 판매 전략이 확실히 보인다. 타깃 고객이 왜 제품을 구매 하는지, 왜 구매하지 않는지에 대한 검증을 통해 정교한 구매 성공 포인트를 찾아 해결해야 한다. 앞선 사례에서 스타벅스는 코카콜라처럼 고객 조사를 하지 않았다. 고객에 대한 행동을 관찰하고 원리를 분석한 결과, 고객은 커피 제품 자체보다는 여유로운 문화 공간과 가벼운 사치를 원하는 사회 행동 원리로 움직이고 있었다. 스타벅스는 표면적인 커피 및 서비스 품질보다는 고객의 내면에 있는 행동 원리를 간파하여 니즈를 해결할 수 있었다.

"고객에게 물건을 파는 방법은 '정확하게 타깃 고객을 정하고', '구매 행동 원리를 찾아 해결'하는 것이다."

2부에서는 타깃 마케팅을 위해 기본적으로 산업수용주기와 유사한 '제품수용주기'를 기본 프레임으로 설명한다. 각 고객군이 제품수용주기상 어디에 존재하는지를 파악하여 성공 법칙을 적용하는 것을 목적으로 한다. 또한 고객의 구매 행동 원리를 분석하는 방법으로 가설적 접근 방법론과 마케팅 추진 방안에 대해서 사례로써 설명하도록 할 것이다.

Chapter6

네트워크 기반 타킷팅

한 고객이 천 명의 고객을 데려온다

"얼리어답터를 잡아야 한다. 얼리어답터를 타깃으로 해야 한다."

패션 유통업에 종사하는 사람들이 가장 많이 쓰는 말이다. 얼리어답터를 타깃팅한 마케팅을 하면 실제 매출이 폭발적으로 성장할까? 국내 굴지의 패션 기업 B는 2000년대 후반 당시 스트릿 패션이 패션 시장의 대세로 떠오르면서 스트릿 패션의 얼리어답터라고 명명했던 캠핑을 즐기고 그래피티graffiti를 즐기는 셀레브러티celebrity를 모델로 내세우는 마케팅 활동을 펼쳤다. 당시에는 얼리어답터에게 큰 호응을 얻으며 성장하는 듯했다.

하지만 그러한 유행은 금방 누그러지고 스키니 패션이 대세로 떠오르게 되었다. 결과적으로 투자 대비 효익은 낮았으며 얼리어답터에 대한 회의감이 일어났다. 실제로 유행이 지난 제품으로 성공하는 브랜드도 있는 반면 얼리어답터를 타깃팅하고도 망해가는 브랜드들도 부지기수다. 그러면 유행하는 제품 및 고객을 타깃팅하는 것을 포기해야 할까? 열 손가락 깨물어 안 아픈 손가락도 있다. 고객이라고 모두 똑같은 고객으로 보면 안 된다. 엄지손가락은 엄지손가락대로, 새끼손가락은 새끼손가락대로 각 손가락을 자극하는 방안을 달리 세워 마케팅을 수행해야 한다. 무작정 공식처럼 얼리어답터를 대상으로 마케팅하는 회사가 있는데 얼리어답터만 공략하는 것이 능사가 아니다. 또한 얼리어답터의 경우 유행 대중 고객 또는 보수 고객과 다르기 때문에 마케팅 방식을 다르게 접근할 필요가 있다.

사람들이 시장에 나온 제품을 수용하는 단계를 나타내는 '고객 제품 수용주기'라는 전략적 도구가 있다. 신제품을 경험해 보고자하며 가장 먼저 구매하고 사용하는 이노베이터나 얼리어답터부터 가장 늦게 제품을 사용하는 래가드Laggard까지 고객의 제품수용주기에 대해 명확히 이해하고 사례를 통해 매출을 폭발적으로 성장시키는 방법을 알아보자.

사람은
'따라쟁이'다

"유행이지 뭐. 2년 안에 잠잠해질 거야." 2010년 처음 뉴발란스New Balance가 성장할 때쯤 유명 백화점의 바이어가 한 말이다. 그 뿐만 아니라 대부분의 업계 관계자들이 예상한 결말이다. 단지 뉴발란스 내부 직원들만 '우리는 영원할거야'라고 믿는 정도였다.

뉴발란스는 이랜드그룹의 주력 브랜드다. 1990년대 후반 흰색 운동화로 반짝 인기를 모았지만 폭발적인 성장을 거두지 못했고, 아울렛에서 할인을 통해 저렴하게 판매하던 비인기 브랜드였다. 하지만 2009년을 기점으로 매출이 급성장 하였고 지금은 국내에서 나이키, 아디다스와 어깨를 나란히 할 정도로 성장했다. 4년째 뉴발란스는 승승장구하고 있는데 뉴발란스가 성공하게 된 계기는 무엇일까?

인간은 사회적 동물이며 사회적 의사결정을 한다. 함께 살아가는 인간이 다른 사람의 영향을 전혀 받지 않을 수 있을까? 사회적 동물에게 소속감이 얼마나 중요한지, 소속감을 자극시키지 않고는 유행을 전파하기 매우 어렵다. 특히 패션과 같은 남에게 보여지는 상품의 경우 이러한 인간의 속성을 활용한 마케팅은 강력하다. 뉴발란스는 소속감이 강한 청소년 집단에서 유행이 폭발하여 전국으로 퍼져나간 사례다.

뉴발란스 팀은 유행의 시발점이 되는 유행 선도 고객군을 정확히 타깃팅했다. '부천 날라리 여고생'들에게 유행을 일으킨 것이다. 뉴발란스는 부천 여고생 사이에 필수품이 되며 소속감의 아이콘이 되었다. 왜 하필 '여고생'일까? 우리나라 고등학생에게 소속감은 그 무엇보다 중요하다. '저 친구들은 하고 있는데 나는 안 하고 있네'라는 생각이 들면 친구들 집단에서 멀어진 것 같아 밤잠을 설친다. 한국에서 왕따가 나오는 것과 같은 맥락이다. 친구들이 하고 있는 것을 나도 해야만 한다는 소속감이 강하다. 특히 패션 의류의 경우 이러한 소속감은 여자가 남자보다 훨씬 강하다. 따라서 패션에 대한 소속감은 '여고생'들에게 가장 크다. 그렇다면 왜 '날라리' 여고생일까? 날라리는 고등학생들에게 선망의 대상이다. 사회적으로는 날라리 고등학생들이 비난의 대상이 될지 몰라도 고등학생들 사이에서는 날라리 집단, 소위 '잘나가는' 집단에 속하기를 갈망한다. 날라리 여고생 집단이 뉴발란스를 신기 시작하자 그들을 동경하는 일반 여고생들은 가장 먼저 알아채고 뉴발란스를 따라 신기 시작했다. 어째서 '부천'일까? 부천은 지역색이 강하고 부천 내에서 구성원간의 유대가 강하다. 부천에서 태어나 자라온 사람들끼리는 한 다리 건너면 매우 잘 안다. 즉, 부천 내에서 정보 전달이 매우 빠르며 따라서 집단에서 유행이 생성되고 전파되는 속도 또한 빠르다. 이렇듯 집단 간 관계가 끈끈하고 어느 정도 고립된 지역에서 유행이 폭발하기 용이하다. 결론적으로 '부천 날라리 여고생' 집단은 영 패션 유행의 출발점으로 이상적인 집단이었던 것이다.

산업수명주기 관점에서 시장을 보면 당시 운동할 때만 신는 운동화 시장이 성숙기로 접어들었다. 그런데 패션의 하나로 운동화를 신고 싶은 니즈가 발생했으며 스키니 패션이 유행하면서 바지통이 좁으니 통통하고 신발 전체가 다 보이는 패션 신발 시장이 새롭게 열렸다. 그 새로운 시장의 성장이라는 파도를 타고 뉴발란스가 함께 성장했다. 산업수명주기 관점에서 뉴발란스는 성장 시장에 적절히 뛰어든 것이다.

고객 제품수용주기 관점에서 자세히 보면, 뉴발란스는 유행을 선도하고 파급력 있는 유행 선도 고객군을 타깃팅하여 전국적인 유행을 몰고 온 것을 볼 수 있다. 패션 신발 시장에서의 유행 선도 고객은 부천 날라리 여고생이었던 것이다. 혹자는 '이효리 신발'이라는 입소문 프로모션으로 뉴발란스가 성장했다고 하는데 이는 매우 편협한 시각이다. 유명 연예인이 착용한 아이템 중 실패한 아이템들이 무수히 많기 때문이다. 왜 실패했을까? 예쁘지 않아서? 디자인이 세련되지 않아서? 예쁘지 않고 디자인이 세련되지 않은 제품들을 연예인들이 쓸리 만무하다. 고객 제품수용주기 관점에서 유행을 분석하면 따라 하는 현상을 명확히 이해할 수 있다.

시장이 폭발하기 위해서는 초기 대중 고객군의 가장 앞 단에 있는 유행 선도 그룹을 공략해야 한다. 왜냐하면 대중은 그들을 따라 하니까. 유행 선도 그룹이 반응하면 캐즘을 넘어 성장기로 진입할 수 있다. 뉴발란스 이전, 뉴발란스와 비슷한 모양의 운동화에 대한 니즈를 가장 먼저 시도한 얼리어답터들은 써코니라는 브랜드의 신발을 신고 다녔다. 이 당시에는 유행 선도 고객들에게 어필하지 못해 대중 시장의 폭발이 일어나지 않았다. "시장이 녹아있지 않아 유행 대중이 따라 하지 않은" 것이다. 하지만 시장이 무르익었을 때 유명 인사가 뉴발란스를 신은 모습을 보고 유행 선도 고객부천 날라리 여고생들이 반응 하여 너도나도 따라 구매하면서 매출이 폭발적으로 성장했다. 이후 신발에 관심 없던 보수 고객 또한 이러한 유행에 이끌려 어쩔 수 없이 뉴발란스를 구매하게 되었다. 지금은 중년의 아줌마 아저씨들도 뉴발란스를 신는다.

이렇듯 고객은 모두 다르다. 사회를 이루고 사는 사람은 누구나 남에게 영향을 받게 되고 따라 하는 경향을 보인다. "따라 하는" 근본 원인은 무엇일까? 그것은 사회적 동경 심리, 집단 소속 경향, 정보 수집의 한계 때문이다. 유행 민감 고객은 유명인이나 부유한 사람을 동경한다. 여건이 허락하는 범위에서 그들을 따라 하며 이를 사회적 동경심리라 한다. 초기 대중 고객은 유행 민감 고객군을 동경하면서도 그들과 소속감을 유지하고 싶어 한다. 따라서 그들의 구매를 따라 하며 안심하게 되는데 이를 집단 소속 경향이라 한다. 후기 대중 고객은 초기 대중 고객과 소속감을 유지하고 싶지만 구매하는 데 모든 정보를 알 수 없고 시간도 없다. 따라서 유행하는 제품을 믿고 따라 사게 되며 이를 정보 수집의 한계라 한다.

이것은 마케팅하는 사람이라면 꼭 알아야 하는 핵심 개념이다. 이를 고객 제품수용주기 프레임워크로 설명하도록 한다.

열 손가락 깨물어
안 아픈 손가락 있다

제품은 고객 수용주기를 따라 확산된다. 이는 앞서 설명한 '따라 하는' 순서다. 수용 단계별 고객군에

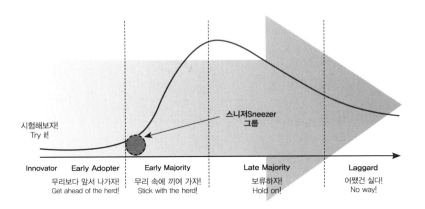

[그림2] 고객 신제품수용주기

시험해보자!
Try it!

스니저Sneezer
그룹

Innovator	Early Adopter	Early Majority	Late Majority	Laggard
무리보다 앞서 나가자!		무리 속에 끼여 가자!	보류하자!	어쨌건 싫다!
Get ahead of the herd!		Stick with the herd!	Hold on!	No way!

따라 마케팅은 완전히 달라진다. 같은 돈 내고 같은 제품을 구매했다고 같은 고객이 아니다. 마케팅 전문가의 역량은 바로 여기에서 출발한다. 무능한 마케터는 '나이 든 고객, 여성 고객, 돈 많은 고객' 등 표면적 시각으로 고객을 바라보기도 하는데 이는 가장 낮은 수준의 고객분석이다. 고객 분석의 목적은 '제품을 파는' 것이며 제품을 팔기 위해서는 고객이 제품을 사는 이유를 찾아 해결해 주면 된다. 나이, 성별, 경제력 등이 이유가 아니라 고객의 성향, 행동으로 보이는 핵심 이유를 파악해야 한다.

제품이 출시되면 이노베이터Innovator, 얼리어답터early adopter, 얼리머저러티Early majority, 레이트 머저러티Late Majority, 래가드Laggard로 이어지면서 사람들에게 사용 된다.

이노베이터란 신제품은 무조건 사용해 보는 고객이다. 이 고객군은 제품이 나오면 가치와 무관하게 먼저 시도해보고 남에게 과시하거나 철저히 분석하는 것을 좋아한다. 게임의 베타테스터가 이와 같은 고객군으로 볼 수 있다. 임상 실험 환자도 이와 같은 맥락으로 볼 수 있는데, 주로 극단적인 니즈불치병이 걸렸거나 지푸라기라도 잡는가 있는 심정의 고객군에게 이노베이터의 성향이 나타날 수 있다. 이들은 도입기 최초에 반응하는 고객군으로 일회성이며 충성도는 낮다.

얼리어답터는 자신이 관심 있는 제품을 소신껏 경험 및 가치 기준으로 사용하는 고객군이다. 이 고객군은 가격에 둔감하며 자신에게 가치가 있다고 판단되면 바로 구매를 실행한다. 주로 경제력이 있고 진보적인 성향을 가진 트렌드 세터들이 많으며 미디어에 노출되는 유명 인사들도 많이 포함되어있다. 패밀리 레스토랑 TGIF가 처음 도입되었을 때 꾸준히 방문하던 고객 또는 스타벅스가 첫 오픈했을 때 (대중의 논란이 있기 전) 즐겨 찾던 고객군이다. 주로 품질 좋은 럭셔리 브랜드를 사용하기도 하지만 자신의 주관에 따라 비주류 브랜드도 거리낌 없이 사용하는 부류다.

얼리어답터는 '경험'이 가장 큰 의사결정 요소로 작용한다. 슈니발렌독일의 전통과자. 망치로 부숴먹는 재미가 있음과 같은 프리미엄 디저트가 처음 백화점에 입점했을 때 얼리어답터들이 슈니발렌에 열광했던 이유도 '새로운 디저트에 대한 경험'이었다.

얼리 머저러티는 초기 유행에 민감하게 반응하는 대중 고객군이다.

얼리어답터가 되고 싶지만 경제력이 없어 그들을 동경하는 고객군이다. 이들은 브랜드, 품질, 가격 전부에 민감하다. 일반 대중이 사용하는 기준으로 가장 까다롭고 합리적인 구매를 한다. 이들이 구매하는 물품은 모든 검증을 철저히 통과했다고 믿고 일반 대중에게 급속도로 퍼져나가기 시작한다.

얼리 머저리티의 가장 첨단에 있으며 남들에게 전파하기를 좋아하는 고객군을 스니저라고 한다. 스니저라는 단어는 본래 재채기하는 사람을 뜻하지만 마케팅에서는 새로운 것을 주변 사람들에게 퍼뜨리는 그룹을 말한다. 스니저는 얼리 머저리티 중 가장 까다롭지만 유행을 선도한다.

레이트 머저러티는 보수주의자 고객군으로 대중 고객 중 뒤늦게 반응하는 고객군이다. 이 고객군은 유행을 따라가고 싶지 않지만 주변 모두가 변화하면 가장 늦게 어쩔 수 없이 제품을 구매한다. 이 고객군은 유행에 관심이 없으며 많은 사람이 하는 것을 믿고 따라 하기만 한다. 처음에는 유행 제품에 대해 냉소적이고 무관심한 반응을 보이다가도 그 제품이 대세가 되면 가장 무난한 것으로 구매한다. 하지만 경제력이 낮은 것은 아니라서 '일반적인' 가격이면 기꺼이 지불할 용의가 있다. 이 고객군의 가장 큰 관심사는 "남들만큼만 하면 되고, 나 혼자 속기 싫다"이다. 한 번 믿고 구매한 브랜드에 대해서는 강한 충성도를 나타내 일반적으로 기업의 캐시카우cash-cow로 분류된다.

래가드는 결코 반응하지 않는 고객군이다. 이 고객군은 앞의 얼리어답터와 성향이 비슷하다. 자신의 주관이 뚜렷하고 자기에게 가치가 있는 제품만 구매한다. 제품수용주기는 같은 사람이더라도 각 상품 종류별로 모두 다르다. 특정 제품에 대해서는 얼리어답터라도 어떤 제품에는 래가드일 수 있다. 이를테면 1990년대 전자 제품 얼리어답터가 PDA를 구매하지만 당시 유행하던 힙합 청바지는 끝까지 구매하지 않는 래가드인 경우도 있다.

네트워크 마케팅

제품수용주기는 산업수명주기에서 반응하는 고객군 관점에서 만들어진 툴tool이다. 제품 고객 수용주기는 매우 강력한 전략 도구이지만 나는 이를 정교하게 활용하는 마케터나 전략 기획자를 본 적이 거의 없다. 일부 기업에서는 '얼리어답터를 타깃팅해야 한다'는 신념하에 무리한 대형 프로모션을 벌이고 파티를 주최하기도 한다.

얼리어답터가 중요한 이유는 무엇일까? 얼리어답터 고객군이 많이 사용해서 시장이 녹아야 캐즘을 넘어 그들을 동경하는 스니저들에게 제품을 사용하게 만들 수 있다. 하지만 얼리어답터만 잘 관리한다고 해서 캐즘을 넘을 수 있는 것은 아니다. 캐즘을 넘기기란 굉장히 어렵다. 1부에서 산업수명주기를 설명하면서 도입기의 산업에서는 성공하기 어려우니 일단 투자를 줄이고 기다리는 것이 중요하다는 점을 강조했다. 얼리어답터는 도입기 때 반응하는 고객군인데 이들을 타깃팅하여 시장 전체로 확산시키기는 매우 어려우며 시간이 오래 소요된다.

따라서 대중을 움직이는 스니저를 타깃팅하는 것이 가장 효과적이다. 현대와 같이 저성장이 지속되는 어려운 환경에서는 기업의 비용을 줄이고 효과를 극대화해야 한다. 따라서 해당 분야에서 스니저 그룹이 누구인지를 명확히 하고 타깃팅해야 한다. 전략을 명확히 수립하고 그 전략에 맞게 스니저를 타깃팅하여 일관된 전사 마케팅 4P product, promotion, price, place를 실행하여 완전완비제품을 제공해야 한다. 전략을 정교하게 수립하는 것은 쉬운 일이 아니며 주먹구구식의 마케팅으로는 불가능하다.

'수분 크림'의 대명사 키엘은 2004년 20억 원의 매출을 올리는 조그마한 화장품 브랜드였다. 그런데 2007년 전년 대비 매출이 두 배로 성장 하더니, 2011년 1400억 원백화점 채널에 한함의 매출을 올리는 기업으로 성장했다.

2000년도 초반 키엘은 청담동에 플래그십 스토어를 열고 고가의 화장품을 경제력 있는 고객을 타깃으로 하여 영업했다. 강남, 압구정동에 거주하는 경제력 있는 고객을 상대로 영업을 하면서 도입기에는 프리미엄 이미지로 브랜드를 구축했던 것이다. 당시 화장품 얼리어답터 사이에서 키엘은 이미 다 아는 화장품 브랜드였지만 폭발적인 매출 성장은 이루지 못하고 캐즘에 갇혀 있었다. 그러던 키엘이 3만 원대 합리적인 가격의 수분 크림을 소비자에게 제시했는데 이것이 화장품의 스니저들에게 완전완비제품이 되는 중요한 불씨가 되었다. 키엘을 사용해 보고 싶었던 스니저들은 값비싼 키엘의 제품을 구매하지 못했지만 얼리어답터들이 사용하는 것을 보고 항상 동경해 오고 있었다. 프리미엄 화장품 브랜드에서 적절한 가격의 아이템이 출시되자마자 소수의 스니저들이 구매하기 시작했고 백화점에서 길게 줄을 늘어서는 화제성을 낳았다. 결국 바이러스가 옮겨가듯 대중 고객군이 너도나도 구매하면서 매출은 폭발적으로 성장했다. 결국 2006년부터 2011년까지 키엘은 연평균 성장률 95%를 기록하며 국민 화장품 브랜드로 성장했다. 이렇듯 대중 고객에 유행을 일으키는 방법은 "가스로 가득 찬 방 안에 불붙인 성냥개비 하나를 집어넣는" 것처럼 폭발적으로 반응시켜 단숨에 캐즘을 넘어야 한다.

노스페이스The Northface는 매출 1조 원, 정판율 90% 이상의 놀라운 실적을 자랑하는 패션 아웃도어 브랜드다. 2000년대 후반에 고등학생들의 '겨울 교복'으로 불릴 만큼 대한민국 고등학생이라면 하나쯤은 가지고 있는 브랜드다.

노스페이스는 어떻게 성장 했을까? 일반 마케팅 전문가나 전략 기획자들은 피상적인 이야기를 한다. 예를 들어, 노스페이스는 기능성이며 투 톤 컬러의 디자인이 예쁘고 사람들의 감성을 자극하고 등등 일반적이고 뻔한 말을 할 것이다. 하지만 고객 제품수용주기 관점에서 노스페이스 역시 스니저 그룹인 고등학생을 타깃으로 하여 급성장했다. 영 패션의 스니저인 고등학생을 공략하여 거대 유행을 몰고 올 수 있었던 것이다.

스니저를
찾아라

2013년, 치킨집을 급습한 '패션' 파워블로거의 일화가 인터넷을 달궜다. 현장을 목격한 네티즌의 글에 따르면 서울 신촌에 위치한 한 치킨 음식점을 찾은 파워블로거 세 명은 여섯 가지 메뉴를 반인분씩 주문했다. 이후 각자 DSLR 카메라를 꺼내 가게 전경과 음식을 찍었다. 이어 자신들이 파워블로거라며 음식값을 무료로 해달라고 사장에게 요청했다. 그러나 사장이 단호히 거절하며 블로그 주소를 알려달라고 하자, 그들이 펼쳐 보인 것은 맛집 블로그가 아닌 패션 블로그였다. 사장이 경찰에 신고하겠다고 말하자 돈이 없으니 봐달라며 DSLR 카메라를 맡기고 식당을 떠났다.

요즘의 식당 주인들은 "돈 안 내고 가는 사람, 술 먹고 싸우는 사람보다 파워블로거가 제일 진상 손님"이라 할 정도로 혀를 내두른다. 최근 잦아드는 파워블로거의 이른바 '진상' 행태도 현대 마케팅 시장의 일면을 잘 보여준다. 이러한 현상은 어째서 발생한 것일까?

미니홈피, 블로그 등 1인 미디어가 활성화되기 시작하던 2000년대 초반, 산업에 전반적으로 전문화가 진행되면서 인터넷을 통해 정보를 얻고 전파하는 인구가 급증했다. 이때 정보의 진원지이자 화제성을 전파하는 온라인 사용자가 현대의 새로운 스니저 그룹으로 급부상했다. 파워블로거는 주로 개인적인 취향 및 경험을 기록하는 개인 표현의 목적이었다. 그동안 정보 전달의 한계로 일반 대중이 알지 못했던 품질 좋고 저렴한 제품을 공정하게 소개하는 역할을 했다. 이것은 바로 스니저의 역할이다. 스니저는 상품의 가치를 정확히 판단하고 가격 및 브랜드를 비교해 합리적으로 선택하는 그룹이다. 스니저는 얼리어답터가 사용하는 제품들을 꼼꼼하게 따져보고 사용을 시작하며 많은 사람들이 스니저가 사용하는 제품을 믿고 사용한다. 하지만 파워블로거들이 상업적으로 이용되고 사회적 스니저로써 믿음이 퇴색되면서 영향력이 많이 줄어들었다.

스니저를 정의할 수 있을까? 제품마다 다르지만 일반적으로 해당 제품의 사용자 중 까다롭고 상대적으로 나이가 어린 고객이다. 뉴발란스, 노스페이스의 사례에서 보았듯이 패션 신발 및 패션 아웃도어와 같은 패션의 경우 젊은 고등학생, 대학생들이 스니저의 역할을 한다. 하지만 위니아만도 딤채의 경우 김치냉장고 시장의 빅마우스인 아파트 단지 주부를 공략하여 성공했다. 또한 가발 전문 업체 하이모의 경우 중년 남성 중 상대적으로 트렌디하고 외모를 가꾸는 고연령대의 유행 선도자를 타깃팅하여 성공했다. 이렇듯 해당 제품의 고객 풀Pool을 정의하고 타깃 고객군에서 가장 영향력 있는 집단이 스니저이므로 이들을 찾는 것이 중요하다.

단기 수익에
흔들리지 마라

얼리어답터와 스니저를 공략하라

2000년 초 글로벌 대형 유통 업체인 테스코Tesco는 고민이 있었다. 바로 유아용품 판매가 부진하다는 것이었다. 당시 유아용품은 약국에서 파는 것이었고, 약국에서 파는 제품을 마트에서 판매한다는 사실에 대해 소비자들은 불안감을 느끼고 있었다. 테스코는 이를 해결하기 위해 '테스코 베이비 클럽'을 만들었다.

'베이비 클럽'은 직접적인 세일 메시지를 배제하고 임신·육아 관련 전문 정보와 함께 관련 상품 쿠폰을 동봉하여 고객에게 제공했다. 고객이 자발적으로 가입하는 '베이비 클럽'은 '경험하고 싶은 욕구'가 강한 얼리어답터들이 우선적으로 가입했다. 얼리어답터 고객들로부터 신뢰를 확보했고 이를 동경하던 스니저들도 '베이비 클럽'에 가입했다.

'베이비 클럽'은 강한 화제성을 낳았으며 스니저들을 통해 입소문을 타고 급속히 확대되었다. 결국 테스코의 유아용품 시장점유율은 25%로 상승했고 동시에 영국에서 새로 부모가 되는 사람들의 37%가 '베이비 클럽' 회원으로 가입하게 되었다. 테스코는 얼리어답터와 스니저를 타깃팅하여 시장의 폭발적인 성장을 가져온 케이스다.

소탐대실의 위험을 경계하라

회사를 운영하는데 있어 수익은 중요하다. 하지만 눈앞의 작은 이익에만 눈이 멀어 미래의 더 큰 성공을 못 보는 경우가 있다. 만약 테스코가 단기적으로 투자 비용이 들어가고 수익성이 낮은 고객들만 타깃팅하는 '베이비 클럽'을 포기하고, 구매를 많이 하는 기존 우량 고객에만 집중했다면 어떻게 되었을까? 아마도 현상 유지만 하고 전체 매출은 계속 지지부진했을 것이다. 스니저 고객군의 수익성은 높지 않다. 스니저 고객군은 브랜드 인지도, 품질, 가격을 까다롭게 비교하여 신중하게 선택하기 때문에 잡기도 힘들고, 브랜드 충성도가 낮아 유지하기도 힘든 고객군이다. 하지만 스니저 고객군은 중장기적인 회사 가치로 보면 월등하다. 소위 말하는 "한 명의 고객 뒤에 스무 명의 고객이 있는" 알짜배기 고객군이다. 이 스니저 고객을 만족시키면 모두를 만족시킬 수 있으며 파급력이 강해 고객이 빠르게 몰리는 현상인 선순환을 가져올 수 있다. 단기 수익 감소를 각오하더라도 스니저를 타깃팅한 마케팅 전략을 펼치는 것이 중요하다. 특히 현대와 같이 정보통신과 소셜 네트워크가 발달한 시대에는 스니저 고객군의 가치가 더 높다.

룩옵티컬은 안경 제조·유통 기업 브랜드다. 시장 1위인 다비치안경에 밀려 있던 룩옵티컬이 2013년 현재 시장 1위 기업으로 올라 성장을 지속하고 있다. 룩옵티컬은 안경점 프랜차이즈 사업을 시작하는 2011년경 타깃 고객을 선정하는 데 많은 고민을 했다. 안경을 자주 착용하고 경제력이 있는 중·장년층 고객과 안경을 패션으로 쓰고 저렴한 것을 좋아하는 스니저 그룹을 두고 갑론을박을 벌였다. 단기 수익 관점에서 보자면 중·장년층을 대상으로 고가의 안경을 판매하는 것이 효과적이라고 분석되었다. 하지만 룩옵티컬의 선택은 젊은 패션 고객이었다. 장기적인 회사의 가치 측면에서 보았을 때 젊은 패션 고객을 사로잡는 것이 대중 시장에 붐을 일으키고 지속 성장할 수 있을 것이라는 판단에서였다. 룩옵티컬은 안경의 스니저 그룹인 안경을 패션으로 사용하는 대학생 그룹을 타깃팅하여 마케팅 전략을 펼쳤다. 대학생 고객 그룹이 모여 있는 신촌에 대형 안경점을 내고 마케팅 활동을 지속적으로 했다. 또 한편에서는 안경의 얼리어답터가 쓸 만한 명품 안경테를 별도의 공간에 배치하여 얼리어답터들만의 공간을 만들어 주었다. 룩옵티컬의 이러한 전략은 얼리어답터 그룹과 스니저 그룹에게 큰 호응을 얻어 입소문을 타고 유행이 번져나가게 되었다. 룩옵티컬은 패션 안경점 프랜차이즈라는 새로운 성장 시장에서 붐을 일으키고 시장 주도권을 확대할 수 있었다.

단기 수익과 중장기 성장의 균형이 중요하다

현재 백화점 업계의 가장 큰 이슈는 '저성장 고령화'이다. 대한민국 백화점은 30년이 넘는 역사를 가지고 있다. 오랜 기간 동안 수익성 높은 고객을 관리해왔는데 매출 상위 20%를 우량 고객으로 설정하여 이들에게 집중적인 마케팅을 해왔다. 결과는 어떠한가? 우량 고객이 고령화되면서 백화점도 동시에 노후화되고 있다.

내가 만나본 대부분의 유통 기업들은 20대 80의 법칙을 신봉하며 우량 고객에만 집중한다. 타깃 마케팅을 한답시고 CRMCustomer Relationship Management이나 고객관계관리 시스템을 구축하고 매출이 높은 고객을 판별하여 충성도를 높이려 노력한다. 하지만 매출이 높은 고객은 누구인가? 주로 나이가 많은 고객이다. 중장기적으로 가치 있는 젊은 고객은 현재 매출이 낮기 때문에 관리하지 않는다. 하지만 단기 수익에 집중하면 보수적 고객군에 한정되어 중장기 성장이 어렵다.

반항아 이미지로 희대를 풍미한 영화배우 제임스 딘의 할리데이비슨은 한 때 젊음의 상징이었다. 하지만 현재는 나이 많은 노인들만 주로 타는 오토바이가 되었다. 강력한 배기음에 근육질을 연상하는 듯한 할리데이비슨의 이미지는 이미 구시대의 유물이 되어버렸다. 할리데이비슨 브랜드가 이렇게 노후화 된 이유는 무엇일까? 할리데이비슨은 20세기에 엄청난 성공을 거두었는데 이러한 성공에 힘입어 고객 관리를 강화했다. 특히 수익성 높고 충성스러운 고객을 집중적으로 관리했다. 이러한 경영은 당시 많은 지지를 얻었지만 결과적으로 젊고 경제력 낮은 고객들에게 소홀하게 되었다. 이러한 틈을 타 일본 및 유럽 오토바이 기업들이 저가의 트렌디한 디자인의 오토바이를 앞세워 급속도로 젊은 고객 시장을 장악해갔다. 결과적으로 2000년대에 들어서는 할리데이비슨의 시장점유율은 과거에 비해 급속히 줄어들었다.

말은 쉽지만 실제로 그럴 수 있을까? 수익성 낮은 고객을 타깃팅하라는 조언은 일면 비현실적일 수 있다. 한 치 앞을 내다볼 수 없는 현대 경영 환경에서 수익에 목말라하는 일반 기업 입장에서는 경제력 없는 스니저 그룹을 타깃팅하는 것은 쉽게 결정할 수 있는 사안은 아니다. 작은 지역에 집중적으로 마케팅하여 캐즘을 돌파하는 전략은 얼핏 매우 위험해 보인다. 많은 경영자들이 캐즘 마케팅에 대해 알고 있으나 실제 실행할 때 자신감이 결여되어 투자를 중단하고 일반적인 마케팅을 벌이고 만다. 캐즘을 넘기는 마케팅은 확고한 논리와 추진력이 필요하다.

2010년대 화장품 시장에 돌풍을 몰고 온 A브랜드는 초기에만 해도 비비크림 시장이 캐즘을 넘지 못하고 도입기에 갇혀 있었다. 구매 고객은 극히 미미했으며 따라서 회사 재정 상태가 좋지 않았다. 하지만 비비크림 샘플 800만 개당시 대한민국 여성 중 비비크림을 쓸 만한 20~40대 여성이 약 900만 명이었음를 서울 강남 지역의 패션 고객에게 집중적으로 배포했다. 비비크림을 사용할만한 거의 모든 타깃 고객이 샘플을 사용해보면서 시장의 폭발이 일어나 캐즘을 넘을 수 있었다. A브랜드가 이렇게 거침없는 투자로 시장을 폭발시킬 수 있었던 원동력은 무엇일까? 그것은 탄탄한 고객 분석과 강한 추진력이다. 철저한 고객 분석에 따른 성공에 확신을 가지고 샘플 배포를 강하게 추진할 수 있었다.

기업이 전략/마케팅을 꾸준히 추진하지 못하는 주된 이유는 CEO 자신이 설득되지 않았기 때문이다. 설득되지 않은 이유는 전략/마케팅이 근거에 기반하지 않고 아이디어 형태로만 존재해 논리적으로 정리가 되지 않았기 때문이다. CEO를 논리적으로 설득하고 일관된 전략/마케팅을 추진하자. 그러면 일반 마케팅 보다 수십 배의 효과를 볼 수 있을 것이다.

고객 분석 방법

고객보다 고객을 잘 알아야 한다

"데이터가 아무리 많아도 고객을 성별이나 나이로 나누는 것은 어리석다. 나만 봐도 50의 나이에 아베크롬비 자켓을 구매하고 찢어진 청바지를 즐겨 입는다."

이랜드그룹 마케팅 책임자의 말이다. 많은 마케팅 임원들과 고객 분석 및 세분화에 관한 논의를 할 때면 한결같이 하는 말이 있다. 고객들의 표면적 정보를 가지고 분석하여 성공한 전례가 없다는 것이었다.

앞서 살펴보았듯이 맞춤형 전략/마케팅을 수행하기 위해서는 타깃팅이 가장 중요하다. 타깃팅하기 위해서는 고객의 니즈를 파악하고 분석 및 세분화하는 것이 필요하다. 고객 분석을 위해 단순하게 고객의 인구통계학적 정보성별, 나이, 직업 등를 기준으로 나누는 것은 가장 낮은 수준의 분류 방법이다. 고객의 행동 원인과 그들의 가치관 및 행동 분석을 하는 것이 필요하다. 어떻게 해야 할까?

표면 정보를
버려라

인구통계학적 정보를 버려라

2013년 방영된 tvN의 〈꽃보다 할배〉를 보면 이순재, 신구 등 70~80대 나이의 연예인들이 선글라스와 모자, 백팩 등으로 멋지게 꾸민 것을 볼 수 있다. 이는 단지 연예인에 국한된 모습이 아닌 최근 불어 닥치는 패션 트렌드다. 웰빙, 동안 열풍과 더불어 패션도 자기 나이보다 '영young'하게 입는 풍조가 만연한 것이다. 그와 다르게 고등학생, 대학생들은 50대 이상 여성 고객의 전유물이었던 명품, 모피 등 고가 디자이너 제품들을 '올드old'하게 구매하기도 한다. 또한 아웃도어 및 스포츠 의류 시장에서는 남녀 공용의 '유니섹스 스타일Unisex Style'이 성장하고 있다. 전통적인 성별/연령대별 패션 쇼핑의 개념이 무너지고 있다.

내가 만난 많은 유통 업체 CEO들은 아직도 70~80대 노인들을 상대로 건강식품, 중절모 등 노인 제품을 판매하려는 마케팅을 벌이고 있으며 10~20대에게 영캐주얼을 판매하려 하고 있다. 성별과 나이로 구분하여 정확한 타깃 마케팅을 한다고 하는데 모두 실패했다.

고객 세분화는 기업에서 흔히 고민하는 문제다. 특정 상품의 할인이나 신제품 론칭 행사를 진행하기 위해서는 특정 고객을 타깃팅해야 한다. 상품을 살만한 사람을 타깃팅해야 하는데 방대한 데이터를 사용하는 방법을 모르니 결국 나이와 성별로 타깃팅하게 된다.

과거에는 나이와 성별을 알면 그 사람의 행동 양식 및 구매 성향을 추정하는 것이 비교적 정확했지만 현대에는 맞지 않는다. 만혼 추세, 1인 가구 증가 등 전통적 가정 풍토도 빠르게 변화하며 가족을 파악하여 니즈를 추정하는 것도 힘들어졌다. 폴 로빈슨Paul Robinson IBM 아태 보험산업 총괄 리더는 '2010 스마터 보험 세미나'에서 "세계가 급속도로 도구화, 지능화되고 있는 상황에서 인구통계학적 고객 세분화와 같은 과거 방식의 정보 활용은 더 이상 유효하지 않다"고 했다.

롯데백화점은 과거 이러한 인구통계학적 정보의 한계를 깨닫고 고객의 행동에 따른 분석을 실시했다. 고객의 개인 정보와 실제 구매 정보가 다르다는 것을 통해 탄생시킨 개념이 쇼핑 에이지Shopping Age다. 쇼핑 에이지는 제품 구매 연령으로, 60세 여성 고객이지만 20대가 많이 구매하는 브랜드를 구매 할 경우 20대의 쇼핑 에이지를 가지게 된다. 롯데백화점의 쇼핑 에이지는 인구통계학적 연령이 아닌, 고객의 행동으로 구매 성향을 파악하여 마케팅에 활용한 대표적인 사례다.

국내 종합일간지인 《한겨레신문》도 고객 성향 기반 세분화를 실시했다. 《한겨레》는 2012년 10월, 사람 중심의 월간지 《나·들》을 창간했다. 《나·들》의 주요 독자층은 나이, 성별, 직업 등 전통적인 인구통계학적 세분화에서 벗어나 주제 중심으로 묶었다. "386 세대보다 민주주의 이상 작동에 더 민감하게 반응하는 사람, 기능보다는 가치를 중시하는 사람, 윤리적 제품을 의식적으로 선택하고 행동하는 사람" 등 성향 중심으로 독자층을 설정하여 정교화된 마케팅을 수행한 사례다.

통계, 설문, 인터뷰 데이터를 모두 버려라

세상에 세 가지 거짓말이 있다고 한다. '거짓말, 새빨간 거짓말, 그리고 통계'. 나는 마케팅에서는 '통계, 설문, 인터뷰'를 믿지 말라고 조언한다.

실제로 9시 뉴스에서 "소비자 물가 지수가 2% 하락했습니다"라는 소식을 접하지만 장을 보거나 물건을 살 때 물가가 낮아졌다는 것을 느끼기는 어렵다. 통계 데이터는 만드는 목적에 의해 달라질 수 있으며, 정확한 세부 대상자와 양식을 모른다면 본질을 알 수 없는 것이다. 이러한 통계 정보를 기반으로 마케팅을 수행한다면 매우 위험하다.

용산역에 위치한 아이파크 백화점은 하루 수천 명 이상의 유동 인구 및 상업 단지 형성을 예상하는 통계를 보고 많은 매출을 기대하며 야심 차게 오픈 했다. 하지만 실제의 유동 인구 및 상권 형성 양상은 전혀 달랐고 저조한 실적을 이어갔다. 용산역 주변의 개발 양상과 방문 고객들의 성향이 쇼핑이나 백화점과 일치하지 않음에도 단순한 통계 데이터만을 보고 백화점을 오픈한 것이 화근이었다. 통계의 세부적 수행 내용을 정확히 분석하지 않으면 통계의 활용도는 매우 떨어진다.

2000년대 초반 아웃도어 브랜드가 급성장 하면서 코오롱스포츠는 대한민국 인구 분포가 종형이 되어감에 따라 40대 이상의 등산을 즐기는 장년층을 타깃으로 하는 제품을 만들어 냈다. 시장의 점유율을 꾸준히 확장하기 위한 전략이었다. 하지만 패션 아웃도어 트렌드를 파악하고 젊은층을 공략한 노스페이스에 한동안 고전하며 브랜드가 고령화되는 위기를 맞기도 했다. 통계는 전략을 수립하는 데 필요한 참고 정보로 사용하는 것이 바람직하다. 그 이유는 통계 데이터는 매우 표면적인 정보만을 보여주기 때문이다.

통계자료와 마찬가지로 믿어서는 안 되는 것이 설문이나 인터뷰 정보다. 현재 대부분의 기업에서 진행하는 설문지를 보면 "쇼핑은 한 달에 몇 번 하세요?" 하는 식의 일반적인 질문들로 가득하다. 또는 좀 더 정교화된 질문을 하기 위한 FGIFocus group interview, 소수 고객을 모아 놓고 자세한 인터뷰를 진행하는 것가 있지만 이것 역시 비슷하게 진행된다.

스포츠 브랜드 엘레쎄는 대대적 고객 설문과 FGI를 진행하여 제품 개발에 돌입했다. 설문 결과 고객이 가장 선호하는 스타일의 PK셔츠와 운동화를 제작해 판매와 마케팅을 진행했다. 하지만 시장은 냉담한 반응을 보였다. 결과적으로 20억 원의 적자를 남기며 실패를 경험했다. 아웃도어 전문 브랜드인 버그하우스도 비슷한 상황이었다. 고객 인터뷰를 통해서 고객의 요구를 세밀하게 도출했다. 고객의 요구사항에 딱 맞는 기능성 산악인 점퍼를 만들어 판매했으나 저조한 매출에 허덕이고 있다.

기업의 고객 니즈 파악을 위한 인터뷰에 나오는 질문들을 보면 대부분 '고객님은 왜 우리 제품을 구매하세요? 왜 백화점에서 구매하세요? 왜 검정 색상을 구매하세요?'라는 식으로 고객에게 답을 직접 묻는 형태로 구성되어 있다. 이렇게 얻어낸 결과를 통해 탄생한 제품이 실제 시장에서 잘 판매될까? 앞서 살펴본 뉴코크 사례와 같이 고객은 자신이 무엇을 원하는지 모른다. 그렇다면 고객에게 답을 묻지 않고 설문 결과의 사실 정보만 사용하면 되지 않을까?

온라인 쇼핑몰인 리본타이는 2014년 고객 맞춤 마케팅을 펼치기 위해 대 고객 설문을 진행했다. 한 달에 몇 회 온라인 쇼핑을 즐기느냐는 질문에 대부분의 고객은 월 2~3회 정도라고 대답했다. 예상보다 적은 쇼핑 행태에 담당자는 의아해했으며 마케팅 계획에 난항을 겪게 되었고 나에게 조언을 요청했다.

심층 인터뷰 분석 결과, 대부분의 고객은 한 달에 10회 이상 온라인 쇼핑을 하고 있다는 사실을 알 수 있었다. 고객은 자신만의 인터넷 쇼핑몰 리스트가 있었고 거의 매일 각 사이트에 방문하고 있었다. 그들에게 온라인 쇼핑몰은 놀이터와 같은 공간이었다. 하지만 고객은 설문지에 월 2~3회 방문한다고 답한다. 이렇듯 전통적 설문 및 인터뷰에 의한 대답은 사실과 다르다. 고객은 "자신이 무엇을 하는지 모른다."

유니클로는 SPA브랜드 시장에서 고속 성장을 하고 있다. 하지만 남성 의류 판매율이 90%를 상회하며 여성 의류 판매에 어려움을 느끼고 있었다. 따라서 배우 이나영을 모델로 하여 여성 의류 판매를 촉진하는 등 많은 노력을 기울였다. 어느 기관에서 여성 고객들을 대상으로 인터뷰와 설문을 실시하였는데 놀랍게도 대부분 유니클로에서 옷을 많이 구매한다고 대답했다. 하지만 나는 이에 대해 설문 방식의 오류일 것이라고 조언했다. 실제로 유니클로에서 구매하는 여성을 조사해본 결과 애인이나 남동생, 아버지의 의류를 주로 구매 하는 것으로 밝혀졌다. 설문 설계의 문제였던 것이다. 이렇듯 설문 목적과 항목을 정확히 설계하고 수행하지 않으면 그 정확도는 현저히 떨어진다.

대부분의 기획자들은 '많은 사람이 그랬으면 그렇겠지'라는 안일한 생각에 사로잡혀 통계, 설문, 인터뷰 자료를 맹신하게 된다. 그러한 방식의 문답은 고객의 실제 행동 및 니즈를 찾아낼 수 없을뿐더러 오히려 고객을 보는 눈을 흐리게 하는 장애물로 작용한다.

정확한 몇 가지 정보로
고객을 알 수 있다

앞에서 살펴보았듯이 일반적인 고객 조사의 문제점은 첫째, 설계가 부실하여 원하는 정보를 얻어내지 못하는 것 둘째, 고객의 대답을 믿을 수 없다는 점 셋째, 조사 결과 분석 능력의 부재이다. 유능한 마케터는 위 세 가지 문제점을 해결하며 정확히 고객의 니즈를 파악해내야 한다. 이를 위해 '고객이 거짓말을 못하도록 설계하고', '데이터를 자유롭게 가공하고', '고객을 구체적으로 묘사'하는 것이 필요하다.

고객에게 거짓말탐지기를 들이대라

염색 전문점 코제트는 성장기인 패션 염색 전문 미용실 시장에서 급성장하고 있다. 2012년 사업 전략의 일환으로 나에게 컨설팅을 의뢰했다. 코제트 CEO는 "저희가 고객 설문 조사를 했는데 새치 염색은 한 달에 한 번 정도 하고 컬러 염색은 세 달에 한 번씩 한다는 결과가 나왔습니다"라고 말하면서, 컬러 염색은 주기가 길기 때문에 매장을 고급스럽게 꾸미고 고품질, 고가의 프리미엄 이미지를 구축하는 전략으로 접근하고자 한다고 했다. 하지만 나는 성장기의 확장 전략과 상이함을 깨닫고 이에 고객 쉐도윙Shadowing 분석을 제시했다.

쉐도윙 기법은 고객에게 가장 최근에 발생한 몇 가지 사건을 묘사하듯 문답하는 방식으로, 묘사된 행동 사실들과 감정들을 통해 인사이트를 발견하는 기법이다. 전통적 인터뷰에서는 고객에게 직접적으로 답을 묻지만 쉐도윙은 구매하는 상황을 자세히 문답함으로써 고객의 속마음을 파악한다.

고객에게 최근 염색을 한 날짜와 상황을 묘사시켜 사실을 분석한 결과 새치 염색은 2주에 1회, 컬러 염색은 1~2개월에 1회 한다는 것이 밝혀졌다. 고객들은 염색을 자주하기 때문에 저렴한 염색 전문점을 원하고 있던 것이다. 이를 바탕으로 CEO에게 컬러 염색을 저렴하게 제공할 것을 조언했다. 이렇게 탄생한 코제트는 매월 흑자 경영을 이어가며 빠른 속도로 매장을 확산하고 있다.

고객의 행동 사실과 속마음 정보를 얻기 위해서는 단순한 문답식 설문 또는 인터뷰로는 안 된다. '고객이 사실을 이야기하도록 하는' 것이 아니라 '고객이 거짓을 이야기할 여지를 주지 않는' 것이 필요하다. 이에 대한 강력한 기법으로는 앞서 소개한 쉐도잉 기법과 컨조인트 분석 conjoint analysis이 있다.

2010년 B 브랜드는 비비크림 시장을 다수의 경쟁자에게 빼앗긴 상태에서 시장점유율을 회복하기 위한 대책을 마련했다. 대대적인 고객 설문 및 인터뷰 조사를 해보아도 뾰족한 답이 나오지 않았다. 고객의 행동 양태와 그에 적합한 공략 방법이 잘 드러나지 않는다는 것이었다.

나는 컨조인트 분석을 통해 고객 분석을 수행했다. 컨조인트 분석은 고객이 제품을 구매하는 속성의 조합을 선호도 순으로 배열하게 하여 성향을 파악하는 것이다. 이를테면 스마트폰을 구매할 때 가격, 브랜드, 성능, 구매 장소를 속성으로 하고, 속성의 조합ex. '80만 원 삼성 쿼드코어 SK대리점', '50만 원 팬텍 쿼드코어 복합매장' 등을 약 10~20개 만들어 비교시킨다. 고객은 각 조합을 선호도 순으로 배열한다. 이를 통해 고객이 중요하게 보는 속성과 가중치를 알 수 있다. 또한 군집화를 통해 고객을 분류하고 성향과 특성을 파악해낸다.

비비크림 제품에 대해 '가격, 브랜드, 판매 채널, 기능' 등의 속성으로 컨조인트 분석을 설계하고 진행했다. 그 결과 가격, 브랜드에 민감한 대중 고객군과 채널과 기능에 민감한 얼리어답터 고객군이 존재함을 밝혀냈다. 이에 대한 분석을 수행하였는데, 대중 고객군은 고급 브랜드에 적당한 가격너무 싸지 않은을 가장 선호했다. 나는 가격-수요 곡선을 도출하여 매출을 최대로 하는 최적 가격을 산정했다. 2010년 대중 고객을 타깃으로 한 전략 제품을 출시했다. 대중 고객군의 폭발적인 반응을 얻어 출시 5개월 만에 비비크림의 월 매출이 네 배로 증가했다.

또한 비비크림의 얼리어답터 분석 결과 20대 후반의 프라브족경제력이 있는 가치 추구자임을 파악했다. 이들을 대상으로 '리본타이'와 콜라보레이션을 진행하였는데 그 이유는 리본타이 주 고객이 20대 후반 프라브족이었기 때문이다. 전략 제품인 '리본비비'를 출시하여 프라브족에게 타깃 마케팅을 수행했다. 결과적으로 정판율 80%를 넘겨 프라브족의 필수품으로 자리 잡으며 대성공을 거두었다.

컨조인트 분석은 고객 응답의 신뢰도를 높이고 표준화, 정량화하는 조사 기법의 좋은 예이다. 일반적인 설문은 주관적으로 기입하게 하는데, 컨조인트 분석에서는 선호하는 순서대로 배열해야 하기 때문에 고객은 자신도 모르게 중요하게 생각하는 요소를 제일먼저 위치시키며 다른 조건과 비교를 하기 때문에 거짓을 말할 여지가 없다. 또한 '매우 많음', '적음' 등으로 정도를 나타내는 것보다 비교 순서이기 때문에 개인 편차를 없앴다. 마지막으로 더미 테스트dummy test를 통해 설문의 일관성에 문제가 있을 경우 분석에서 제외하기 때문에 신뢰도를 보장할 수 있다.

데이터를 내 맘대로 해석하라

영국의 대형 유통 업체 테스코는 자사의 거대 고객 구매 데이터를 활용하는 방안을 구상했다. 당시의 일반적인 방식은 구매 품목, 수량, 매출 등 구매 내용으로 고객을 구분ex. '식품을 월 4.3회 구매하는 우수등급 고객'하여 관리했다. 테스코는 이러한 1차원적 고객 분석은 구매 통계를 보여줄 뿐 활용 가치가 낮다는 것을 많은 실패 경험을 통해 알고 있었다. 1차원적 분석보다는 고객의 속마음성향 및 가치관을 파악하고 싶었다. 단순한 구매 데이터를 가지고 고객의 속마음을 어떻게 알 수 있을까?

범죄 사건을 수사하는 경찰은 범죄 현장을 면밀히 조사한다. 범죄 현장에 떨어진 머리카락, 장신구 등을 수집하고 가구 및 소지품의 위치를 파악하는 등 범죄 당시 그대로의 모습을 관찰한다. 경찰은 단순히 조사하는 데 그치지 않고 관찰한 결과를 가지고 나름대로 해석한다. 범죄가 일어났을 경우를 상상하고 현장의 모습과 대조해가며 사건 당시 범인의 행동 및 심리를 유추한다.

고객 분석도 이와 마찬가지다. 고객이 남긴 흔적구매 데이터을 관찰하여 고객의 속마음을 유추하는 것이다. 범죄 현장에 남성 시계가 있으면 범인을 남성으로 예상할 수 있다. 고객이 색조 화장품을 구매했으면 고객은 여성일 확률이 높다. 범죄 현장에 단추가 떨어져 있는 것을 근거로 폭력이 있었을 것이라고 추정한다. 마찬가지로 고객이 유기농 식품을 주로 구매한다는 사실을 근거로 웰빙 고객군일 것이라고 추정

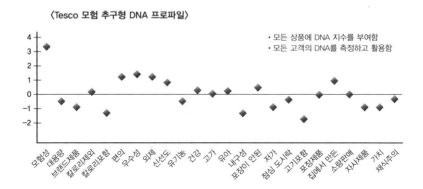

[그림3] 테스코의 모험 추구형 고객군 DNA프로파일

〈Tesco 모험 추구형 DNA 프로파일〉

• 모든 상품에 DNA 지수를 부여함
• 모든 고객의 DNA를 측정하고 활용함

할 수 있다.

고객의 속마음을 파악하는 것이 왜 중요할까? 범인의 인상착의 및 행동 특성을 알게 되면 어디로 도주했을 것이며 어떤 모습인지 유추가 가능할 뿐만 아니라 검거 또한 용이하다. 고객도 마찬가지다. 고객의 속마음을 알게 되면 성향상 좋아할만한 제품을 추천할 수 있으며 타깃 마케팅할인, 광고, 상품 구성 등을 통해 구매를 유도할 수 있다.

테스코는 자사 품목들에 고객 성향을 유추할 수 있는 지수를 기입했다. 예를 들면 신제품 태블릿 PC를 구매하면 모험 지수가 +2, 저지방 우유를 구매하면 저칼로리 지수가 +1 등으로 정해놓았다. 그리고 고객이 구매한 품목들을 가지고 각 해당 지수를 합산하여 고객별 각 지수를 구했다. 그러면 그 고객의 전체적인 성향을 알 수 있다. 이것을 고객 DNA 프로파일링이라고 하는데, 이 프로파일링이 유사한 고객끼리 군집화했다. 그러면 성향이 비슷한 고객끼리 묶이게 되는데 같은 고객군에서는 원하는 제품 및 브랜드가 유사해 상품 프로모션이 쉬우며 구매할 때의 행동이 비슷하기 때문에 구매 유도 타깃 마케팅을 적절히 할 수 있었다. 결국 테스코는 이러한 데이터 가공 및 분석 기반을 토대로 순익 기준 월마트에 이어 세계 2위 유통 기업으로 급성장할 수 있었다.

고객의 몽타주를 그려라

임플란트 및 심미 치료 전문병원인 서울 미플란트치과는 2012년 심각한 경영난을 겪게 되었다. 치과 시장의 경쟁 과열 심화와 대형 네트워크 병원의 저가 공세에 의해 매출도 감소하고 수익성도 악화되기 시작했다. 당시 서울 미플란트치과는 고객 조사 자료 또는 트렌드 정보에 따라 임의적으로 마케팅을 수행하고 있었다. 고객 조사 결과 주변 지역 업체의 소개로 오는 경우가 많으면 주변 업체들과 전략적 제휴를 체결하여 고객을 유치하는가 하면, 소셜커머스의 트렌드가 불어올 때는 소셜커머스 업체와 마케팅을 추진하기도 했다. 나름대로 타깃 고객을 선정하여 적절히 마케팅을 수행했지만 대부분 효과가 미미했고 수익성도 낮았다. 어떤 문제였을까?

나는 가설적으로 고객군을 구체화하여 선정하고 고객 분석을 실시했다. 그 결과 임플란트와 심미 치료의 고객군이 다르게 움직였다. 치아 상태 및 병원 방문 목적에 따라 뚜렷이 고객군이 달랐던 것이다. 임플란트 고객은 경력을 주로 보는 '자기 관리형', 가격을 주로 보는 '가격 민감형', 그리고 가까운 병원을 택하는 '근접 선호형'이 있었다. 비슷한 방식으로 심미 치료 고객군을 분석한 결과 '약품', '실력', '가격형'이 있었다. 서울 미플란트치과는 이러한 고객군의 존재를 어렴풋이 알고 있었지만 뚜렷이 정의하지 않고 애매한 마케팅만 하고 있었다.

우선 각 고객군에 대한 퍼소나 분석을 실시했다. 퍼소나 분석이란 미국 소프트웨어 디자이너 앨런 쿠퍼에 의해 소개된 고객 프로파일링 방법론이다. 행동 패턴 관찰에 의해 고객군의 전형적인 특징을 갖는 인물을 창조하여 그 사람의 라이프스타일을 이해하는 방식이다. 고객군 분류만으로는 라이프스타일을 정확하게 이해하기 어렵다. 특징들만 산재하여 있기 때문에 내면 깊숙이 들어갈 수가 없다. 따라서 고객의 속마음을 알기 위해서는 심층 인터뷰를 통해 가상의 인물퍼소나을 구체화하는 작업이 필요하다. 그러면 그 퍼소나가 물건을 구매하는 롤 플레잉role playing 시뮬레이션을 통해 적합한 마케팅 전략을 수립할 수 있다.

서울 미플란트치과는 데이터에 기반하여 기본적인 고객군의 성향을 파악했으며 샘플 고객 심층 인터뷰를 통해 퍼소나 분석을 실시했다. 고객이 특정 경향을 나타내는 원인을 찾기 위해 그 배경을 깊이 파고들어갔다. 임플란트 고객의 '자기 관리형' 퍼소나의 경우, 자신의 삶에서 치아의 가치를 높게 여기고 있었고 임플란트의 가격은 적당히 합리적이라고 믿고 있었다. 따라서 의사 실력에 대한 믿음만 갖게 된다면 다른 요소가격 및 임플란트 재질 등는 중요하지 않았다. 이런 고객의 경우 의사의 실력을 믿게 해주는 상담 내용, 병원 평가가 중요했기 때문에 상담 매뉴얼 정교화, 지인 영업 등으로 접근하도록 조언했다. 미백 치료의 '가격 민감형' 퍼소나의 경우, 자신의 외모 중에 미백이 매우 중요하지는 않기 때문에 가격이 저렴한 것을 선호하지만 가격이 너무 쌀 경우 실력이 없다고 믿었다. 따라서 최적 가격인 2회 35만 원을 도출하여 해당 고객군에 정확하게 타깃하여 프로모션했다.

고객 분석 및 세분화의 목적은 '물건을 구매하는 근본 원인을 찾아내는 것'임을 잊지 말자. 고객 유형별로 구매의 근본 원인을 파악하면 경쟁사보다 더 정교하고 강력한 전략을 수행할 수 있다. 퍼소나 분석은 그러한 근본 원인을 파악하는 좋은 기법이다.

세분화는 어디까지?

데이터 처리 능력의 발달과 함께 타깃 마케팅 방법론들이 시장에 무수히 쏟아져 나오면서 기업들은 고객을 무조건 잘게 잘라서 타깃팅하는 것이 좋은 방법이라고 믿기도 한다. 세분화의 수준에는 정답이 없다. 목적에 맞게 구분하면 된다. 세분화 수준의 원칙은 '행동 원리가 명확히 보이고, 타깃 마케팅이 가능한 수준'이다. 온라인 쇼핑몰 같이 유저 ID별 개인 맞춤 상품 추천 마케팅이 가능한 경우에는 개인별로 세분화하는 것도 가능하다. 하지만 일반적인 구매 유도 마케팅 전략을

[그림4] 정교하게 보기 위한 해부와 막연히 잘게 쪼개는 것의 의미

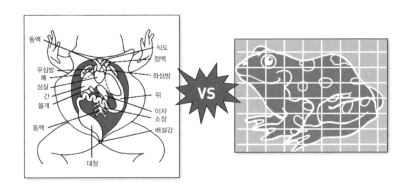

위해서라면 대략 4~6개 고객군으로 분류하면 충분하다. 고객군의 라이프스타일도 뚜렷이 보이며 마케팅 전략도 수립할 수 있다.

고객 분석은 보고 싶은 고객을 명확히 정해 정교하게 들여다보는 것이지 잘게 자르는 것이 아니다. "왜 개구리를 해부하는 것인가?"라는 질문을 가지고 출발한다. 어떻게 해부해야 원하는 것을 정확하게 볼 수 있을까? 단순히 잘게 쪼갠다고 원하는 것을 자세하게 볼 수는 없다. 마찬가지로 '왜 고객이 물건을 구매할까?'라는 질문을 가지고 고객 집단을 정교하게 설계해야 고객의 숨은 욕구를 찾고 최적의 마케팅을 할 수 있다.

Chapter8
고객 분석 및 타깃팅 방법
전략에 따라 타깃을 정하라

가정용 소형 전동공구를 만드는 블랙앤데커는 'Do-It-Yourself 제품'가정에서 소비자가 원하는 물건을 직접 만들 수 있도록 한 제품을 주로 생산하는 기업이었다. 블랙앤데커는 가정용 제품 시장이 포화 상태에 이르자 전문가용 제품 시장으로 영역을 확장하고자 했다. 공사장에서 대형 전동공구를 사용하는 일반 노동자들에게 수요 조사를 하였으며 그들의 니즈에 맞는 제품을 출시했다. 1년 6개월 동안 1000억 원에 가까운 돈을 마케팅 비용으로 사용했지만 3년 후 브랜드 선호도를 조사한 결과 GE 선호도는 12.8%, 블랙앤데커 선호도는 3.9%에 그치며 실패를 인정해야만 했다. 블랙앤데커는 무엇이 문제였을까?

기업이 시장에 진입할 때는 첫째, 기업 역량을 고려하고 둘째, 타깃 고객을 정교히 선정해야 한다. 블랙앤데커는 비전문가부터 전문가까지 아우르는 고객층을 형성하려고 했다. 하지만 블랙앤데커의 핵심 역량은 가정에서 사용하는 친근한 이미지와 편리성을 고려한 제품 제조 능력이었다. 이러한 역량은 전문가 고객을 타깃팅하여 그들의 니즈를 해결하는 데 무리였다. 또한 블랙앤데커는 전문가 고객 세분화 및 타깃팅을 소홀히 했다. 불특정 다수의 수요를 조사하여 제품을 구성하면 히트 상품을 만들기 어렵다. 노동자들이 제품을 구매하게 되는 주요 원인을 파악해 영향력이 강한 극성 고객을 찾아 그들을 우선 타깃팅해야 한다.

앞서 살펴본 제품수용주기 방법론과 고객 분석 결과를 종합하여 고객 타깃팅을 수행해 보기로 하자. 그리고 세분화 결과를 재해석하고 기업의 역량에 맞춰 고객을 타깃팅하는 방안에 대해 알아보자.

제품수용주기로
고객군을 분석하라

고객 분석 결과를 토대로 앞에 제시한 제품수용주기에 따라 고객군의 성향을 이해하고 타깃팅 전략을 수립해야 한다. 각 고객군이 제품수용주기상 어떤 위치에 있는지, 어떤 성향을 나타내는지 접목하여 이해해야 한다.

혁신 기업으로 알려진 현대카드는 2002년 출범하여 2%의 시장점유율을 기록하며 카드 업계의 후발 주자로 경쟁사들과 힘겹게 경쟁하고 있었다. 그런 현대카드가 2005년 시장점유율 10%로 성장하더니 2013년 13%의 시장점유율로 신한카드, 국민카드에 이어 업계 3위에 올라섰다. 경쟁 카드사의 한 임원은 현대카드의 혁신이 무엇인지 나에게 물어오곤 했다. 나는 현대카드는 혁신에 성공해서 성장한 것이 아니라 제품수용주기상의 얼리어답터를 타깃으로 하여 브랜드를 확고히 하고, 스니저를 타깃팅하여 시장을 폭발적으로 성장시킨 사례라고 대답했다.

신용카드 고객군 분석 결과, 다음과 같이 구분되었다. 신용카드 사용액이 많고 프리미엄 혜택을 중시하는 스타일리시한 진보적 고객군, 연회비와 혜택을 꼼꼼히 따지며 할인에 민감한 젊은 유행 고객군, 주변에서 추천한 카드를 사용하며 충성도가 높은 대중 그룹 등으로 나뉘었다. 이를 제품수용주기로 분석했다. 진보적 고객군은 얼리어답터에 해당하며, 유행 고객군은 스니저의 성격이 있으며, 다수의 대중 그룹은 보수주의자다. 따라서 진보적 고객군으로 브랜드를 구축하고, 유행 고객군을 공략하여 시장의 폭발을 가져와야 했다.

얼리어답터 고객은 누구나 가지고 있는 카드 회사의 제품을 원하지 않았다. 그들은 자신의 명품 지갑에 카드사의 로고가 박힌 카드는 넣고 싶어 하지 않았다. 또 연회비가 비싸더라도 남들과 겹치지 않는 프리미엄 서비스를 받고 싶은 니즈가 있었다. 현대카드는 얼리어답터의 니즈에 맞게 고가의 연회비에 차별화된 혜택들을 제공했고, 카드 회사의 느낌을 없앤 모던한 디자인을 제시했다. 동시에 스니저 고객을 타깃팅하는 전략을 병행했다. 스니저 고객군은 연회비에 민감하고 할인, 포인트 혜택이 많으며 사용처가 다양하길 원했다. 현대카드는 수만 원대의 연회비를 감해주는 전략으로 고품질 저가의 느낌을 주었다. 많은 혜택을 제공하였으며 포인트 적립을 증대시켜 이동성이 높은 스니저 고객을 충성 고객으로 만들었다.

현대카드는 고객 분석 결과를 제품수용주기로 해석하여 최적의 마케팅을 통해 시장의 폭발을 가져온 사례다. 이렇듯 행동원인으로 고객군을 분석하고 세분화 결과를 제품수용주기로 해석한 후 스니저와 얼리어답터를 타깃팅하여 시장을 공략하는 방식은 거의 모든 기업의 성공 공식이다.

에이랜드는 2007년부터 2010년까지 연평균 성장률 120%를 기록하며 고속 성장을 이어가고 있는 디자이너 편집매장이다. 에이랜드는 명동, 홍대, 신사동 가로수길 등 대한민국 패션의 최첨단을 달리는 지역에서 큰 사랑을 받고 있다. 2007년에만 해도 연 매출 26억 원의 소규모 유통점이었던 에이랜드의 성공 전략은 무엇이었을까?

에이랜드는 많은 시장조사와 경험을 토대로 젊은층의 디자이너 브랜드 의류 니즈가 커지고 있음을 파악하고 있었다. 하지만 단순히 종합 디자이너 브랜드 매장으로 출범한 것이 아니라 각 고객군을 정교하게 타깃팅하여 매장을 구성했다. 당시 스트릿 패션의 얼리어답터들은 디자이너 브랜드를 여러 군데 다녀보고 구매해야 하는 불편함이 있었다. 에이랜드는 얼리어답터들이 주로 둘러보는 디자이너 브랜드를 선정하여 한데 모아 한눈에 비교 가능하게 구성했다. 또한 스니저 고객에게는 그들이 동경하는 꼼데가르송 같은 브랜드 리미티드 에디션 제품들이 너무 고가로 출시되고 있었다. 에이랜드는 스니저 고객의 핵심을 정확히 간파하여 고가의 디자이너 브랜드 이미지를 지닌 탐스TOMS와 같은 신인 디자이너 브랜드를 저렴하게 구성했다. 이러한 얼리어답터와 스니저를 각각 정확히 타깃팅한 전략은 대성공이었으며 에이랜드는 2010년 277억 원이라는 매출을 보이며 급성장 한다.

제품수용주기는 어느 산업에서나 동일하게 나타나는 고객 반응 원리다. 따라서 고객 분석 결과를 이에 적용하여 판단하면 매우 강력해진다. 이것을 알고 있는 기업이 얼리어답터와 스니저를 타깃팅하여 대성공을 거둔 경우가 많다. 하지만 언제나 얼리어답터와 스니저를 타깃팅할 필요는 없다. 전략적으로 보수주의자를 타깃팅하여 수익을 확보하는 경우도 있다.

연 8000억 원의 매출을 올리는 패션그룹형지는 주 고객이 50대 이상의 중년 여성이다. 에이랜드와는 다르게 유행 민감 고객을 타깃팅하지 않은 이유는 무엇일까? 패션그룹형지의 장점은 강력한 충성 고객층과 고객 관리 역량이다. 제품수용주기상의 보수주의자 고객군에게 회사 역량이 맞춰져 있었던 것이다. 고객들에게 있어 매장은 단순히 물건을 구매하는 장소만은 아니다. 판매사와 편하게 커피를 마시며 교제하는 장소이기도 하다. 패션그룹형지는 보수주의자 고객군을 타깃팅하여 마케팅을 전개하는 '성장보다 안정' 전략을 택했다. 결국 패션그룹형지는 크로커다일레이디를 중심으로 강력한 진입 장벽을 구축하며 무너지지 않는 그들만의 리그를 형성했다.

단, 보수 고객을 타깃팅할 때에는 유념할 사항이 있는데, 첫째, '서서히 끓이면 서서히 식는다'는 것이다. 사업 초기에는 매출 성장이 매우 느릴 것이다. 하지만 한 번 오른 매출이 쉽게 폭락하지도 않는다. 둘째, 고연령 이미지의 브랜드를 젊게 만들기는 매우 어렵다. 패션그룹형지의 큰 고민거리는 고객 연령대를 30~40대로 낮추고 싶지만 그것이 어렵다는 것이었다. 제품수용주기 고객 순서를 거슬러 올라가는 것은 거의 불가능에 가깝다. 따라서 확실한 기업 역량과 전략이 없다면 보수 고객을 타깃하는 것은 가급적 자제하는 것이 좋다.

회사와 고객의
궁합을 보라

한국 백화점 업계는 '저성장 고령화'라는 이슈를 안고 있다. 백화점 충성 고객들이 고령화되면서 백화점 자체도 노후화 되고 있다. 현재는 매출과 수익성이 좋지만 중장기적 전망이 그리 밝지만은 않다. 일본의 경우에 비추어 보아도 백화점의 장기 불황이 예상되기 때문이다. 앞서 살펴본 대로 네트워크 마케팅에 기반하여 유행 민감 고객을 타깃팅하여 성장을 도모해야 할까?

백화점 같은 종합 유통 기업은 일반 소비재나 서비스 기업과는 달리 많은 상품군에 다양한 제품 라인업을 갖추고 있다. 따라서 모든 고객군을 제각기 타깃팅해야 하는 딜레마가 있다. 하지만 평범한 매스마케팅으로 일관하는 것은 절대 금물이다. 다시 한 번 언급하지만 타깃팅하지 않은 마케팅은 언제나 잘못된 것이다. 그러면 어떠한 타깃팅 전략이 주효할까?

최근 백화점 업계의 핫 이슈는 '식품관'이다. 식품관에 트렌디한 디저트 브랜드와 유기농 마트 등을 입점 시키고 있다. 백화점 업계 임원들의 이야기는 한결같다. "의류나 잡화는 이미 성장의 한계에 다다랐다. 식품관을 성장시켜 백화점 매출을 늘려야 한다." 전통적 상품 판매의 역할을 하던 백화점이 외식, 교제, 문화의 공간으로 역할 변경이 일어나고 있는 것이다.

나는 컨조인트 분석을 통해 백화점의 네 가지 고객 그룹을 찾아냈다. 그 중 백화점 얼리어답터 고객군은 쾌적한 환경에서 쇼핑을 하고 싶어 하며, 트렌디한 디저트를 먹고 싶어 하는 30세 전후의 커리어 우먼이었다. 이들은 높은 경제력으로 향후 백화점 성장 동력이 될 것임을 백화점 업계 모두는 알고 있다. 자, 이제 이들을 어떻게 타깃팅해야 할까?

백화점 업계는 기존 충성 고객을 잡으면서 얼리어답터를 확보해야 하는 딜레마가 있다. 이것은 BCG 매트릭스미국의 보스턴 컨설팅 그룹이 개발한 전략 평가 기법로 간단하게 확인할 수 있는데, 30대 전후의 커리어

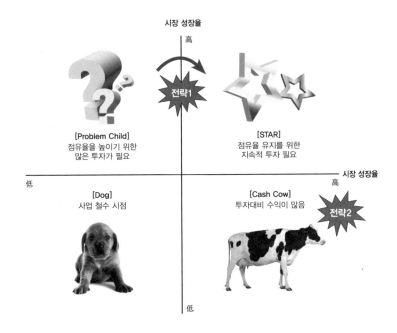

[그림5] BCG 매트릭스를 통해 본 향후 백화점 업계의 전략 방향

우먼을 '문제아Problem Child'로 놓고 이를 '스타Star'화 하며, 기존 충성 고객인 캐시카우를 관리하는 전략을 취해야 한다. 두 마리 토끼를 잡을 수 있을까?

　JC페니 백화점은 100년이 넘게 미국인들의 사랑을 받아온 백화점이다. 탄탄한 재무구조를 자랑하며 강력한 충성 고객을 확보하고 있던 JC페니 백화점은 고객의 고령화와 함께 노후화 되어갔다. 점차 매출이 하락하고 수익이 낮아지자 JC페니 백화점은 2011년 애플의 리테일 담당 임원으로 애플스토어의 성공을 이끌었던 론 존슨을 CEO로 발탁했다. 론 존슨은 젊은 고객을 유치하고 중장기 도약을 하기 위해 두 가지 전략을 수행했다. 첫째, 상시 저가 전략을 통해 할인 행사를 폐지했고 둘째, 젊은층에 유행하는 브랜드를 대거 영입한 것이다.

하지만 이러한 전략은 대실패로 끝나고 만다. 결과적으로 젊은 고객과 고령 고객 둘 누구에게도 맞지 않는 애매한 백화점이 되었기 때문이다. 젊은 고객은 고령 고객들이 주로 오기 때문에 방문을 꺼려했고, 고령 고객은 자신들이 좋아하던 할인 행사 및 예전 브랜드가 없어졌기 때문에 방문하지 않았다. 결국 이 전략은 젊은 고객을 불러들이는 데 실패한 것은 물론 기존의 충성 고객마저 잃는 결과를 낳았다. 2013년 2분기 JC페니는 5억 8600만 달러의 순손실을 기록하고 만다. 이는 전년도 같은 기간에 비해 네 배 가까이 악화된 것이다. 같은 기간 매출도 11.9%나 급감 했다. 2013년 4월 론 존슨은 해임되었다.

하나의 제품백화점으로 두 개 이상의 고객군을 타깃팅하는 것은 매우 어렵다. 따라서 정답은 "각 고객군에 독립된 공간을 마련하는" 것이다. 어설프게 모두를 타깃팅하지 말고 젊은 고객만을 위한 공간을 따로 마련하여 매장 구성, 상품, 분위기를 조성하고, 충성 고객은 기존 매장에서 잘 관리하면 된다.

일본 백화점은 장기 불황을 겪고 있지만 미츠코시 이세탄 백화점은 2013년 동기 대비 4.4%의 매출 신장일본 백화점 전체는 같은 기간 2.3% 상승을 이루었다. 미츠코시 이세탄 백화점은 얼리어답터를 정확히 타깃팅하여 그들을 위한 별도의 공간인 MI플라자라는 미니 백화점을 만들었다. MI플라자는 커리어 우먼의 주요 동선인 지하철역 주변에 300평의 작은 규모로 매장을 구성하였으며 깔끔한 흰색 바탕에 원목 느낌의 가구들을 배치했다. 수입 식료품 및 PB브랜드인 BPQC를 주력으로 내세우고 젊은층이 선호하는 브랜드들을 대거 입점 시켰다. 이러한 MI플라자는 뜨거운 반응을 불러 일으키며 젊은 고객층 확보라는 소기의 목적을 달성했다.

기업은 충성 고객군을 캐시카우로 관리하면서도 신규 고객을 타깃팅하는 마케팅을 지속적으로 해주어야 한다. 내가 만나본 대부분의 기업들은 정교하게 생각하지 않고 단지 새로운 상품을 만들어서 모든 고객들을 끌어오려 한다. 하지만 다양한 고객군에 마케팅을 진행할 때에는 명확히 타깃팅하고 자기잠식을 줄여야 온전히 지속 성장할 수 있다.

Chapter9

숨은 니즈를 찾는 방법

진짜로 원하는 것이 뭐야?

60세가 넘은 미국의 어느 노부부가 성격 차이를 이유로 이혼을 했다. 이혼한 그날 담당 변호사와 함께 저녁 식사를 했다. 음식이 나오자마자 할아버지는 닭 날개를 할머니에게 권했다. 그 모습이 어찌나 따뜻해 보였는지 변호사는 이 부부가 다시 결합할 수도 있을 것이라 믿었다. 하지만 할머니는 버럭 화를 냈다. "지난 30년간 당신은 늘 그래왔어! 항상 자기 중심적으로 생각하더니 이혼하는 날까지도 그러는군. 난 닭다리를 제일 좋아한단 말이야." 그 모습을 보고 할아버지는 화를 참지 못하고 쏘아 붙였다. "닭 날개는 내가 제일 좋아하는 부위야. 내가 먹고 싶은 것을 참으면서 항상 당신한테 먼저 줬는데 어떻게 그럴 수 있어!" 노부부는 한참을 싸우더니 자리를 박차고 일어나 집으로 가

버렸다.

　기업은 스스로 생각했을 때 가장 좋은 것들을 마케팅이라는 이름으로 고객에게 제공한다. 대부분의 대기업 마케팅 부서장들은 "돈을 써야 매출이 오르지. 돈을 안 쓰는데 무슨 매출이 오르겠어"라고 말하며 적은 마케팅 예산에 투덜댄다. 하지만 실제 고객이 무엇을 원하는지 알고 그 숨은 니즈를 채워 주는 것이 마케팅의 묘미이며 마케팅 전략의 핵심이라는 것을 명심해야 한다.

　1907년 설립된 UPSUnited Parcel Service는 미국에 본사를 둔 물류 기업이다. 1920년대 미국에서 화물을 운송하려면 자동차나 선박을 이용하는 것이 전부였다. '화물 운송'하면 사람들의 머릿속에는 자동차와 선박만 떠올랐고 비행기로 화물을 운송한다는 것은 상상조차 할 수 없었다. 비행기는 '부자들의 교통수단일 뿐'이라는 고정관념 때문이었다. 미국의 거대 운송 업체들은 운송 산업의 경쟁에서 승리하기 위해 대대적인 고객 조사를 실시하면서 고객의 니즈를 파악하려 노력했다. 조사 결과 고객들은 자동차나 선박을 통한 운송 방법에 대해 불만을 나타내지 않았다. 하지만 UPS는 물건을 발송하는 고객들의 행동을 관찰했다. 대부분의 고객이 '그것보다 더 빨리 운송되는 것은 없나요?'라고 묻는 것을 보았다. 순수하게 고객의 목적은 '빠른 운송'이었다. '자동차나 선박'이라는 운송 수단 패러다임에 갇혀있는 운송 업체들이 문제였던 것이다. 결국 UPS는 고객의 본질적인 니즈인 '빠른 운송'을 제공하기 위해 비행기를 사용했다. UPS는 항공 화물 운송이라는 신기원을 열어 경쟁에서 승리하며 세계 최고 물류 기업으로 성장하는 계기를 마련했다.

고객 분석, 세분화 그리고 타깃팅을 통한 전략 수립과 더불어 사업의 성공여부를 결정짓는 본질적 문제를 해결하는 작업이 필요하다. UPS 사례나 이전에 살펴본 뉴코크 사례처럼 고객에게 직접 물어보는 방식으로는 문제 해결이 어렵다. 이 문제들은 매우 다양하기 때문에 정형화된 성공 법칙이 없다. 다만 컨설팅 문제 해결 방법론을 통해 문제를 해결하는 방법을 제시하도록 한다.

특이한 사실을
찾아라

셜록 홈스가 등장하는 소설 『실버 블레이즈』에서 마부가 죽고 경주마가 도난당하는 사건이 발생한다. 홈스는 사건 현장을 조사하면서 사건 관계자들에게 질문을 했다.

"그날 밤 특이한 일은 없었나요?"

사건 관계자들은 하나같이 대답했다.

"특이한 일은 하나도 없었습니다."

홈스는 다시 질문했다.

"그럼 그날 밤 개는 어땠죠?"

그러자 모두들 대답했다.

"개는 조용히 있었습니다."

홈스가 되물었다.

"그것이 특이한 것 아닌가요?"

원래 침입자가 생기면 짖어서 가족들에게 알리는 것이 개의 속성인데 개가 짖지 않았다는 것은 특이한 일이다. 홈스는 개가 잘 아는 누군가가 범인이라는 추론에 도달한 것이다.

비즈니스 문제 해결도 이와 마찬가지다. 무능한 마케터는 중요한 비즈니스 현상을 그냥 지나친다. 하지만 고객 입장에서 가설을 세우고 현상을 관찰하면 언뜻 평범해 보이는 것도 눈에 들어와 문제 해결에 결정적인 역할을 한다. 홈스는 범인의 입장에서 집에 침입하는 상황을 설정하고 가설적으로 검증하였는데 개가 짖지 않았다는 사실이 이상했던 것이다.

나는 대기업 마트의 임원과 대화하였는데 그는 "여름을 맞아 큰맘먹고 저렴하게 선글라스를 내놓았으나 하나도 팔리지 않습니다. 매출을 끌어 올릴 수 있는 방안을 알려주십시오"라고 부탁했다. 그 마트는 가격에 민감한 고객이 많이 방문하며 패션잡화도 잘 팔리기 때문에 저가 선글라스가 안 팔리는 것이 안타까웠다.

나는 가격에 민감한 고객의 입장에서 가설적으로 구매를 생각해보았다. 그때 마트 관리자의 말이 특이한 사실로 떠올랐다. "1+1 행사 상품은 불티나게 팔리는데 50% 할인하면 하나도 안 팔립니다." 왜 1+1 행사 상품은 팔리고 50% 할인 상품은 안 팔릴까? 고객의 입장에

2부 고객을 보는 안목을 키워라

서 보면 50% 할인 상품은 제품의 가치에 문제가 있어서 가격이 떨어진 것이고, 1+1 상품은 사은 행사 또는 신제품 행사 때문에 좋은 가치 상품을 잠깐 저렴하게 (하나 더) 주는 느낌이다. 고객의 본질적 니즈는 "고품질의 제품을 저렴하게 구입하고 싶다"였다. 품질 낮은 제품을 50% 할인해 주는 것은 싫어한다. 이러한 본질적 니즈를 파악한 후, 저렴한 선글라스의 문제점을 파악했다. 고객은 저렴한 가격으로 판매하는 선글라스는 그 품질이 낮다고 믿었다. 가격이 품질을 나타내는 현상이 발생한 것이다. 따라서 가장 필요한 것은 고객에게 선글라스의 품질이 높다는 것을 인지시켜주는 것이다.

이에 대한 방안은 간단했다. 선글라스 가격 태그에 높은 가격을 표시해 놓는 것이다. 따라서 제품의 품질이 좋다는 메시지를 전달했다. 고객의 본질적 니즈인 "고품질의 제품을 저렴하게 구입하고 싶다"를 해결한 것이다. 이 전략은 바로 실행되었으며 그 해 기록적인 선글라스 매출을 올리게 되었다.

구체적 성공 요인을 찾고자 한다면 특이한 사실에 주목하고 그것을 논리적으로 설명하는 데 주력해야 한다. 특이한 사실에는 보물 상자가 숨어있기 때문이다.

일본식 수제 크로켓 전문점을 오픈하는 한 경영자는 나에게 마케팅 전략을 물어왔다. 주로 백화점에 입점할 예정인데 어떻게 마케팅해야 하는지 모르겠다는 것이다. 나는 시장조사를 통해 특이한 사실을 수집했다. 신세계백화점의 식품관에는 프리미엄 아이스크림 전문 매장

두 곳이 있었다. 비슷한 아이스크림 매장인데 한 곳은 높은 매출을 올리고 있었으나 다른 한 곳은 그 집의 반도 안 되는 매출 실적을 올리고 있었다. 일반적인 마케팅 담당자 및 고객은 한쪽으로 손님이 몰리는 이유를 "맛이 있어서"라고 대답했다. 하지만 블라인드 테스트에 의하면 두 아이스크림의 맛은 거의 동일했다.

이렇게 특이한 현상이 나타나는 이유는 무엇일까? 나는 구매 현장에 주목했다. 인기 있는 아이스크림 가게에는 사람들의 줄이 길게 늘어서 있었다. 고객들은 '줄이 길기 때문에' 줄을 섰던 것이다. '줄이 길다는' 현상은 고객에게는 '품질이 좋다'는 것을 의미했다. 또한 백화점이라는 특수한 공간에서는 남들이 하는 행위를 따라 하지 않으면 손해 _{깜짝 세일, 품절 같은 학습효과 때문에}라는 심리를 갖게 된다. 이는 과거 코엑스몰에서 줄을 길게 늘어서 화제가 되었던 오므라이스 전문점 오무토토마토가 프랜차이즈로 진출하면서 줄을 서지 않아 성장이 멈춰버린 현상과 유사하다.

나는 의도적으로 크로켓 제작 및 포장에 걸리는 시간을 늘리라고 충고했다. 오픈한 크로켓 전문점에서 고객들은 구매하는 데 많은 시간이 걸렸고 따라서 사람들은 어쩔 수 없이 그 집에서 줄을 서게 되었다. 지나가던 사람들은 '줄이 길기 때문에 맛이 있을 것이라는' 생각에 줄을 더 서게 되고 이는 끊임없는 집객으로 이어졌다. 이 크로켓 전문점은 식품관에서 독보적 매출을 올리며 승승장구 하고 있으며 같은 전략으로 확장을 추진하고 있다.

니즈가 없다면 만들어라

레오나르도 디카프리오 주연의 〈더 울프 오브 월 스트리트The Wolf of Wall Street〉를 보면 영업 사원을 평가할 때 "이 펜을 나에게 팔아보시오!Sell me this pen!"라고 주문하는 내용이 있다. 일반적으로 사람들이 펜을 팔려고 할 때 펜의 우수성을 설명하면서 전문적인 용어를 남발하곤 한다. 하지만 레오나르도 디카프리오는 먼저 고객에게 "종이에 이름을 적어주시겠소?"라고 묻는다. 고객은 "난 펜이 없습니다"라고 대답한다. 그러면 그 때 펜을 판매한다. 바로 '수요와 공급Supply & Demand'의 법칙에 의해 '고객이 펜을 원하는' 수요를 창출한 것이다.

영업 방식 중 가장 낮은 수준은 '공급 중심 영업'이고 그 다음이 '표면적 수요 중심 영업'이다. 영업의 진수는 바로 '수요 창출 영업'이다.

펜 공급자 입장에서 펜의 우수성을 설명하는 것은 '공급 중심 영업'이다. 제품의 장점이 많이 있지만 수요자에게 필요한 기능이 없으면 판매는 실패한다. 고객을 관찰하고 의식적으로 펜이 필요한 점을 포착하여 판매하는 것이 효과적이다. 예를 들어 수요자가 노트를 들고 두리번거리고 있다면 아마도 펜을 필요로 하는 것이기 때문에 판매가 쉬울 것이다. 이것이 '표면적 수요 중심 영업'이다. 수요 창출이란 '고객에게 잠재되어있던 수요를 의식의 세계로 끄집어내는 것'이다. 펜의 필요성을 모르고 있더라도 일련의 영업 활동을 통해 잠재수요를 창출해 낼 수 있다. '수요 창출 영업'은 경쟁 상황이 가속화 될수록 성과를 낼 수 있는 유일한 방안이 된다.

유능한 마케터는 니즈를 찾아낼 때 영업과 동일한 수요 창출 원리를 이용한다. 이는 공급자 중심의 푸시마케팅Push marketing을 넘어 수요자 중심의 풀마케팅Pull marketing을 가능하게 한다. 니즈를 만드는 행위는 '내면적 수요를 읽는다'라고 표현한다. 고객의 수요는 언젠가 의식 세계로 드러나기 때문이다.

AK플라자는 수요 창출 원리를 활용한 대표적인 사례다. 2000년대에 미니스커트처럼 여성스러움을 살리면서도 노출에 대한 부담을 줄여주고 반바지처럼 편하게 입고자하는 대중의 잠재적 니즈가 있었다. 치마와 바지의 중간 형태인 큐롯culottes 팬츠는 섹시함과 활동성을 동시에 잡을 수 있었다. 활동성의 니즈가 강한 여성 골프웨어에 우선 적용하여 시장 수요는 어느 정도 창출되었다. 2009년 AK플라자는 큐롯 팬츠를 공격적으로 내세워 시장을 확대하였다. 일련의 마케팅 활동을 통해 잠재적 니즈가 구매로 나타났다. 탤런트 김태희 등이 앞다투어 미니스커트형 큐롯 팬츠를 착용하며 대중적 인기를 끌게 되었다. 소비자의 무의식 니즈를 의식 세계로 드러내 시장을 '창출'한 사례다.

하지만 수요 창출이 불필요한 수요를 높은 비용으로 제공하면 안 된다. 이것은 외국인 여행객에게 바가지요금을 씌우는 것이나 다름없다. 장기적 관점에서 이는 분명히 기업의 가치를 훼손하게 된다. 미국의 온라인 유통 기업 아마존은 2000년 개인화 가격정책을 실시했다. 아마존은 가격 둔감 충성 고객에게 일반 고객보다 더 고가의 가격을 책정하여 수익성을 높이려고 시도했다. 아마존 충성 고객이 슈렉 DVD

를 구매하려고 하면 26.24달러를 지불해야 했다. 하지만 비로그인 일반 회원의 해당 상품 구매 가격은 22.74달러였다. 즉, 아마존은 지불 여력이 높은 고객에게 더 많은 금액을 내도록 한 것이다. 이를 알게 된 충성 고객은 격분하였고 충성 고객에게 대우는커녕 비싸게 판매하였기 때문 소비자 고발을 하였다.

《워싱턴포스트》는 2000년 9월 27일자 기사를 통해 이러한 사실을 공개하며 아마존을 비난했다. 아마존은 결국 대변인을 통해 공식 사과를 하고 이러한 정책 중단을 발표하였지만 기업 이미지에 엄청난 타격을 입게 되었다.

그렇다면 과잉 수요 창출과 적정 수요 창출의 차이는 무엇일까? 서울에 거주하는 이재성 씨는 자동차 엔진오일을 교환하기 위해 카센터를 방문했다. 이 씨는 정비사에게 "엔진오일을 교환하면서 일반적 점검도 부탁합니다"라고 요구했다. 점검을 마친 정비사가 타이밍벨트 교체를 제안했다. 이 씨는 '카센터에서 과도하게 고가의 서비스를 제안하는 경우가 많다'라는 소문을 들어 선택이 망설여진다. 타이밍벨트의 잔여 수명은 1년이라고 가정할 때, 이는 과잉 수요 창출인가 적정 수요 창출인가? 판단은 독자의 몫이다. (이 부분에서 이 씨는 '타이밍벨트의 잔여 수명도 모른다'는 점에서 판단 기준은 더 모호해진다.) 단, 과잉 수요 창출이 계속되면 명백히 기업의 가치가 훼손된다는 점을 밝혀둔다. 꼬리도 길면 밟히는 법이다. 특히 정보 네트워크와 품질 기준 평가가 고도화 될수록 그렇다.

적정 수요 창출 메시지가 전달되도록 공정성Fairness을 꾸준히 확보하여 기업 이미지를 강화하고 커뮤니케이션의 장벽을 넘어서는 서비스를 제공해야 한다. 공정성을 확보하는 방식은 기업의 규모를 확대하거나 긍정적 소문으로 기업의 평가를 높이고 서비스 내용을 투명하게 하는 방식 등이 있다.

핵심 니즈에 집중하라

2000년대 후반 들어 남성이 대부분이던 야구장에 여성 관중이 급증했다. 2013년 전체 프로야구 관중 600만 명 중 각 구단의 회원 정보와 티켓링크의 예매 정보를 종합하면 남녀가 거의 반반이라는 분석이 나온다. 이를 비즈니스에 어떻게 적용할 수 있을까? 단지 여성 관중이 늘어났다는 표면적 현상에만 집중하면 '야구장에서의 여성의류/화장품판매, 여성 채널에 야구중계, 미남 야구선수 CF활용' 등을 생각할 수 있다. 하지만 여성 관중에만 집중한 야구 마케팅은 거의 모두 실패했다. 어째서 일까? 근본적 원인에 집중하지 않았기 때문이다.

야구장에 여성 관중이 급증한 이유가 무엇일까? 한 전문가는 야구장에 여성 관중이 증가하는 이유가 '경기력 향상 및 준수한 선수의 외모'라고 하는데 나는 이를 일축했다. 왜 야구장의 여성 관중은 급격히 증가하는데 K리그 축구장의 여성 관중은 정체되어 있을까? 경기력이 떨어져서? 선수들 외모가 별로여서?

여성들은 응원하고 같이 즐기는 공간을 원한다. 축구와 같이 90분내내 경기에 집중하고 승부에 연연하는 것을 원하지 않는다. 축구장을 찾는 여성은 축구 마니아 밖에 없다. 하지만 야구장의 여성 관객은 경기 자체나 선수들보다는 상쾌한 경기장 환경과 소리치고 놀 수 있는 분위기를 원한다. 그렇다면 K리그에는 여성 관중이 없는데 월드컵 국가대표 축구에는 여성들이 열광적으로 응원하는 이유가 무엇일까? 월드컵은 축제다. 경기 결과보다는 그 축제 자체를 즐기는 니즈가 있다. 물론 경기에서 승리하여 더 많은 축제를 벌이면 좋지만, 여성 관중에게 승부는 중요하지 않다.

야구장에 여성 관중이 급증한 근본적 원인은 첫 번째로 '여성의 사회·경제적 지위의 향상'이다. 여성의 지위가 향상되면서 남성들만의 전유물이던 취미 활동에도 여성의 관심이 확장되기 시작했다. 두 번째로 '레저 시장 확대'다. 주5일제가 자리 잡고 근무시간이 줄어들면서 레저/서비스에 대한 여성들의 니즈가 갈수록 커지고 있다. 마지막으로 '아웃도어/웰빙 열풍'이다. 실내에서 답답하게 영상이나 음악을 감상하던 것과 다르게 맑은 공기를 마시고 걷고 운동하고 소리치는 아웃도어 트렌드가 강하게 떠오르고 있다.

이러한 근본 원인을 인지하고 비즈니스에 적용하는 것이 필요하다. 이를 활용하여 성공한 비즈니스 중 여성 캠핑 용품이 있다. 캠핑 용품 전문업체인 콜맨은 2013년 들어 여성을 겨냥한 화사한 디자인의 캠핑 용품을 전면에 내세웠다. 과거 가족 단위의 캠핑족은 기능성 위주로 용품을 구매했지만 최근 들어 여성 캠핑족이 늘어났기 때문이다. 색상과 디자인을 강조한 2인용 텐트, 버너, 랜턴 등을 내세워 매출이 전년 대비 30%가량 증가했다. 근본 원인을 정확히 파악하고 여성의 아웃도어 레저 비즈니스에 활용한 것이다.

니즈는 시장이다. 사회가 변화하고 인간의 니즈가 발생한다면 그것을 거래할 수 있는 시장은 분명히 나타난다. 시장의 표면트렌드만 보고 비즈니스를 수행하는 것은 매우 위험하다. 핵심 니즈를 찾아내고 성장하는 시장을 정의한 후, 적절한 전략을 수립해야 한다.

최근 급증하고 있는 걸그룹의 일반적인 콘셉트는 '섹시'다. 대부분의 걸그룹은 섹시함을 내세우고 그 경쟁은 갈수록 치열해지고 있다. 이미 많은 섹시 콘셉트의 걸그룹이 즐비하며 걸그룹의 과도한 노출이 일반 시민들의 눈살을 찌푸리게 하지만 섹시 콘셉트의 인기는 식을 줄 모른다. 정말로 섹시 콘셉트는 걸그룹 성공에 중추적 역할을 할까?

2010년 데뷔한 걸스데이는 초기에 귀여운 이미지로 포지셔닝 했다. 이때는 큰 인기를 끌지 못하다가 3집 〈Something〉부터 본격적인 섹시 콘셉트를 전면에 내세우며 크게 히트해 특급 걸그룹으로 인지도가 올라갔다. AOA라는 그룹은 원래 걸밴드 콘셉트로 시작했다가 2014년 섹시 콘셉트로 음악 순위 프로그램에서 1위에 오르는 등 인지도가 올라갔다. 이렇듯 섹시 콘셉트와 걸그룹의 성공이 어느 정도 상관관계가 있는 이유는 무엇일까?

걸그룹의 주요 고객은 10대 여성이다. 10대 여성에게 인기를 얻은 걸그룹은 점차적으로 고객층을 확장해가며 음원 및 행사에서 중장기적으로 높은 수입을 올리게 된다. 현대의 10대 여성은 과거와는 다르게 자아실현과 당당함을 드러내고 싶어 한다. 걸그룹의 섹시 콘셉트는 당당함의 표상이다. 10대 여성은 자신에게 우상과도 같은 걸그룹을 동경하며 아낌없는 소비를 한다. 결론적으로 걸그룹의 섹시 콘셉트는 남성 팬을 확보하기 위한 섹스어필이 아닌, 여성을 위한 당당함의 표현이며 이것이 핵심 니즈다.

이러한 핵심 니즈를 모르고 비즈니스에 적용한다면 위험하다. 섹시 콘셉트의 걸그룹을 남성에게 홍보하여 수입을 높이려는 계획은 무용지물이 된다. 남성은 주요 고객이 아니기 때문이다. 여성의 자아실현 니즈를 활용한 비즈니스가 더 강력할 것이다. 꼭 엔터테인먼트 시장에서 찾을 필요도 없다. 한 예가 복싱 피트니스 시장이다. 과거에는 복싱을 즐기는 여성 수 증가를 단순한 다이어트 목적으로 이해했다. 물론 건강을 위한 니즈는 존재하지만 더 중요한 니즈는 여성의 자아실현 욕구다. 대한복싱협회에 등록한 여성 복서는 2010년 116명에서 2013년 8월까지 178명으로 증가했다. 남자 복서 수가 2010년 2672명에서 2013년 8월 2104명으로 줄어든 것과는 대조적이다. 전문 여성 복서가 늘어난다는 것은 여성이 복싱을 다이어트 용도로만 즐긴다는 것에 대한 반증이다. 유사한 비즈니스 사례로 여성 풋살 시장을 들 수 있다. 풋살을 즐기는 여성의 규모는 갈수록 증가하고 있으며 동호회도 급증하고 있다. 과격한 태클이 금지되고 선수 교체가 자유로워 부상 우려가 낮은 풋살은 여성들의 웰빙 자아실현 니즈를 충족시켰다.

빅 데이터,
어떻게 활용할 것인가

빅 데이터 시장은 연평균 40%가 성장하는 가장 뜨거운 시장이다. 오라클, IBM, MS 등 대형 글로벌 기업들이 앞다퉈 뛰어들고 있다. 많은 기업들은 빅 데이터를 통해 고객의 숨은 니즈가 자동으로 분석되는 것으로 착각하고 빠르게 도입하려고 한다. 하지만 2012 가트너의 자료에 의하면 포춘 500대 기업 중 80%가 빅 데이터 활용에 실패할 것이라는 비관적인 전망을 내놓았는데 어째서일까?

신기한 분석 결과의 유혹

텍스트마이닝Text Mining 기반의 데이터 분석 기업인 다음소프트는 빅 데이터를 자유자재로 분석하여 신기한 결과를 보여주는 마케팅으로 언론의 많은 관심을 받고 있다. 수많은 빅 데이터 분석 사례 중 문제를 해결한 사례는 몇 개나 있을까? 아이돌 그룹의 연관 관계를 분석하고 포지셔닝을 알아내는 것은 분명 재미있는 콘텐츠다. 하지만 그것이 기업의 문제 해결에 크게 도움을 줄 수 있을까?

BC카드는 2013년 대대적인 카드 빅 데이터 분석을 통해 젊은층의 신사동 가로수길 구매 행태를 분석한 결과 "가로수길에서 쇼핑하고 세로수길에서 식사한다"는 결론을 이끌어냈다. 최신 빅 데이터 분석 기법을 총동원해서 결론을 냈다는 점에서 큰 의미를 갖는다. 하지만 이 결과를 어디에 사용할 것인가? 신사동 가로수길의 상인들은 BC카드보다 훨씬 먼저 알고 있었으며 이를 부단히 마케팅에 활용하고 있을 것이다. 실제로 BC카드는 뚜렷한 활용 방향이나 결과를 내지 못하고 있다.

많은 사람들이 빅 데이터 활용 예시를 언급하면서 '잠재력이 엄청나고, 활용 가치가 무궁무진하다'라고 대답한다. 빅 데이터 시스템을 들여오면 그동안 해결하지 못했던 기업의 문제들이 모두 해결될 것처럼 이야기한다. 하지만 정작 구체적 활용 방안을 수립할 때면 모두들 한발짝 물러선다. 그 역할은 자신이 없다. 서로에게 미루기 바쁘다. 빅 데이터 시스템이 완성되면 IT부서는 마케팅 부서가 잘 활용하지 못한다고 푸념하고 마케팅 부서는 IT부서에서 활용성을 고려하지 않았다고 질타한다.

활용을 먼저 생각하라

많은 사람들이 비즈니스적인 문제를 해결하려고 할 때 데이터 분석부터 시작하려고 하는데, 순서가 잘못되었다. 데이터부터 분석하는 것은 바다를 끓이는 행위다. 활용을 생각하고 분석에 들어가야 한다.

1990년대 중반에 등장한 웹로그weblog는 온라인상의 1인 미디어로 폭발적인 성장을 했다. 사람들은 온라인상에서 자신의 생각을 글로 표현하기도 하고 사진을 올릴 수 있었고, 다른 사람들의 의견이나 생각도 자신의 웹로그로 받아 볼 수 있었다. 차츰 거대한 양의 웹로그 데이터가 쌓이기 시작했으며 많은 IT기업들은 방대한 양의 웹로그를 분석하면 중요한 시사점이 나올 것으로 믿었다. 기업들은 최신 기술을 동원해 야심 차게 웹로그를 분석했다. 하지만 결국 아무것도 발견하지 못했고 시간과 자원만 낭비했다.

이러한 웹로그의 전례로 보았을 때 빅 데이터의 실패는 미리 예견된 결과였다. 웹로그가 실패한 이유는 무엇일까? 바로 '분석하는 목적이 없어서'다. 데이터에 파묻히다 보면 점점 '내가 데이터를 쓰는 것이' 아니라 '데이터가 나를 쓰게' 된다. 거대한 데이터 앞에서 무엇을 해야 할지 몰라 길을 잃고 헤매게 된다.

가설, 가설, 가설……계속 강조해도 지나치지 않는 그 이름

뜬구름 잡는 이야기, 말도 안 되는 이야기……. 내가 만난 대기업 임원들은 가설을 그렇게 이해하고 있다.

대기업 문제 해결에 관한 교육에서 케이스 스터디를 할 경우 가설을 제시하라고 이야기 하면 누구도 먼저 손을 들고 이야기 하지 않는다. 답과 맞지 않을 것 같아서, 창피하니까 등의 이유로 그 누구도 먼저 나서지 않는다. 항상 정답만을 이야기해야 하는 대한민국에서 태어나 수십 년을 보냈고, 대기업의 임원의 자리에 올라 수많은 직원들을 끌고 가야 하는 '내가' 틀린 답을 이야기하는 것은 말도 안 되는 것이다. 그들의 마음을 이해 못하는 것은 아니지만 문제 해결을 위해서 가설을 설정하는 것은 매우 중요한 일이다.

A백화점은 빅 데이터 분석에 앞서 백화점 방문 고객 중 식료품만 구매하고 백화점을 떠나는 고객군에게 다른 상품 구매 유도가 가능할 것이라는 가설을 수립했다. 백화점의 빅 데이터 정보로 고객의 방문 특징과 상품 구매 특징을 구분하여 분석한 결과 일곱 개 고객군 중, 식료품만 구매하고 다른 상품은 구매하지 않는 고객군과 식료품을 구매하며 의류, 잡화를 충동구매 하는 고객군이 26%에 달한다는 것을 확인했다. 이에 대한 전략으로 그들의 백화점 이용 동선을 조정하여 충동구매를 유도하면 매출 상승을 가져올 것이라는 가설을 수립했다.

실제 빅 데이터 검증 결과, 이 고객들은 식료품을 구매하는 동선의 상품들을 구매하는 것으로 분석되었다. A백화점은 지하 식료품 층만 이용하는 고객을 타깃으로 하여 의류 상품 층으로 동선을 유도하는 프로모션을 진행했다. 동선만 바뀐 타깃 고객들은 의류, 잡화 매장을 지나게 되었고 자연스럽게 식료품 외의 의류, 잡화 등의 상품 구매가 증대되었다.

A백화점은 가설 접근 방법론으로 빅 데이터를 충분히 활용한 좋은 사례다. 빅 데이터는 가설을 검증하는 하나의 도구에 지나지 않는다. 우리는 목적을 뚜렷이 하고 능동적으로 필요한 데이터를 찾아 써야 한다. 그러기 위해서는 문제 해결의 답가설을 먼저 설정하고 분석해야 한다. 가설이란 고객의 본질적 니즈에 집중하여 제로베이스에서 답을 찾는 것이다. 본질적 문제를 해결하려면 가설로 접근하고 관찰, 데이터, 사례로 해결해 나아가는 습관이 꼭 필요하다.

파일럿, 관찰, 사례,
데이터로 증명하라

글로벌 인터넷 서비스 기업 구글은 아이디어 실행에 시간을 허비하지 않는다. 어느 정도 아이디어가 구체화되고 가설이 수립되면 바로 실행해본다. 이것을 파일럿테스트 견본 시작품에 대한 수용자의 반응 조사라고 하는데, 파일럿테스트가 성과가 나면 정교히 다듬어 공식 서비스로 출시하고 파일럿테스트 결과가 안 좋으면 수정하거나 폐기한다. 구글이 이렇게 성급하게 실행에 옮기는 이유는 무엇일까? 좀 더 정교하게 분석하고 시뮬레이션 한 후 실행해도 되지 않을까? 온라인상에서 시도하는 테스트는 비용이 많이 들지 않고 결과를 빠르게 얻을 수 있다. 굳이 여러 분석을 통해 검증할 필요가 없이 직접 실행해보는 것이 최선이다. 즉, 가장 좋은 가설 검증 방법은 실제로 해보는 것이다. 구글은 이 전략으로 수많은 아이디어를 배출해내고 있으며 직원들은 부담 없이 자신의 아이디어를 바로 실행할 수 있기 때문에 자신감과 창의력이 증폭된다.

패밀리 레스토랑인 아웃백 스테이크하우스는 런치 도시락 시장에 뛰어들기 위한 전략을 수립했다. 아웃백 스테이크하우스는 런치 도시락을 주로 구매할 것 같은 고객을 조사하여 메뉴와 가격을 구성했다. 이러한 구성에 대한 검증이 필요했는데 아웃백 스테이크하우스는 직접 수원의 대학생들에게 판매하는 파일럿테스트를 수행했다. 그 결과는 빠르게 나왔으며 메뉴 및 가격에 대한 민감도를 계산하여 최적의 메뉴를 구성하고 적정가격을 도출하여 공식적으로 런치 도시락 메뉴를 출시했다. 이렇게 최적화되어 출시된 런치 도시락은 시장의 폭발적인 반응에 힘입어 전체 매출의 5~10%를 차지하며 아웃백의 효자 메뉴로 성장했다.

고객의 본질적 문제 해결을 위한 가설을 수립하였으면 이에 대한 검증이 필요하다. 가장 확실한 가설 검증 방법은 위와 같이 실제로 수행하는 것이다. 파일럿테스트는 진행에 부담이 없거나 결과가 빠르게 나오는 경우 수행이 가능하다. 나의 경험상 많은 경우 시간과 돈을 허비하지 않고 빠르게 실행해 보는 것이 가장 효과적이었다. 특히 현대와 같이 트렌드 변화가 빠른 경우는 스피드가 더욱 중요하다. 하지만 현실적인 제약이 있을 경우 가설에 대한 검증은 우회적으로 수행할 수밖에 없는데 주로 관찰, 사례, 데이터로 증명할 수 있다.

글로벌 제조 및 유통 기업 P&G는 가정용 세제의 소비자 니즈를 파악하고자 했다. 다양한 고객 조사 결과 고객들은 현재 사용하고 있는 제품에 불편한 점이 없다고 대답했다. 하지만 P&G는 고객 자신도 알지 못하는 불편 사항이 있을 것이라고 믿었다. 그 중 세제 용기를 들기 쉽게 해야 한다는 가설을 수립하고 고객의 행동을 관찰하기 시작했다. 관찰 결과 세제를 구매하는 고객들은 부피가 큰 제품을 옆구리에 끼거나 품에 안고 갔다. 당시 사람들은 세제는 당연히 손잡이가 없는 것으로 인식했기 때문에 그것을 불편하다고 느끼지 않았다. 고객들은 당연하게 행동했지만 P&G는 여기서 니즈를 발견했다. P&G는 세제 케이스에 손잡이가 될 수 있는 부분을 만들어 고객이 들고 다니기 쉽게 만들었다. 이러한 세제 디자인은 고객의 큰 호응을 얻으며 매출 증대로 이어졌다. 지금 생각하면 당연해 보이는 제품 디자인이지만 당시는 세밀한 고객 관찰 결과 증명해낸 혁신적인 방안이었다.

이와 같이 관찰은 고객의 니즈를 파악함과 동시에 가설 증명의 도구로 사용될 수 있는 좋은 방법이다. 고객의 행동을 관찰함으로써 실행에 대한 시뮬레이션을 할 수 있기 때문에 여타 방법보다 강력하다.

2010년 뉴발란스는 러닝화 판매가 너무 저조해 재고가 쌓여가는 부담을 안고 있었다. 러닝화 구매 데이터 분석 결과 마라톤을 즐기는 특정 고객들만 주로 구매하는 것을 발견했다. 당시 러닝화를 패션의 목적으로 구매하는 젊은층이 늘어났기 때문에 이러한 현상은 이상하게 분석되었다. 브랜드 매니저는 러닝화 매출을 높이기 위해 나에게 조언을 요청했으며 나는 뉴발란스 매장 구성이 젊은 고객이 자유롭게 착용해보기 어려울 것으로 가설을 수립하고 고객 관찰을 실시했다. 젊은 고객들은 뉴발란스 매장에 방문했다가도 러닝화가 진열되어있는 구역에 발길을 두지 않았다. 대부분 잠시 머뭇거리더니 이내 매장을 빠져나갔다. 그 이유는 러닝화 진열대는 매장 깊숙이 들어가 있었으며 선반에 손도 잘 닿지 않아 섣불리 착용해보기 부담스러웠기 때문이다. 기능 위주의 의류는 특정 목적에 의하여 이성적으로 구매하기 때문에 자유롭게 여러 가지를 경험하는 것이 필요 없다. 하지만 패션을 목적으로 한 의류는 많이 착용해보고 자신의 패션을 비교해보며 감성적으로 접근한다. 따라서 나는 젊은 고객들이 편하게 착용하고 놀 수 있도록 러닝화 진열장이 눈에 잘 보이게 하고, 부담 없이 신어볼 수 있도록 매장을 구성할 것을 조언했다. 이렇게 재탄생한 매장은 언제나 사람이 북적댔으며 러닝화의 매출이 전년 동기 대비 네 배 향상 되며 대성공을 거두었다.

관찰은 고객의 니즈를 파악하거나 시간 및 공간이 충분할 경우 소비재 상품에 수행하기 좋은 방법이다. 하지만 가설이 명확하고 관찰이 불가능한 제품의 경우 사례나 데이터로 검증한다. 현대와 같이 인터넷 정보가 풍부하고 데이터가 충분히 갖춰져 있을 경우 관찰보다는 사례나 데이터로 수행할 수도 있다.

영유아 교구 전문 업체 포디프레임은 2012년 교구 시장의 경쟁 심화와 모방 제품의 공세로 인한 수익성 악화로 성장 돌파구를 찾기 위해 나에게 도움을 요청했다. 포디프레임은 영유아 창의력 계발, 공간 지각력 향상에 독보적인 교구 제작 기술력을 확보하고 있었으나 마케팅 능력의 부재로 매출이 저조한 상태였다. 나는 포디프레임의 핵심 역량으로 교구 및 교재 개발력 및 해외 수상 실적을 주목했다. 당시 성장하고 있는 시장은 유아 콘텐츠 시장 및 영어유치원 시장이었다. 따라서 나는 유아 교육 시장에 외국식 창의력 프로그램으로 진출하는 전략을 제시했다. 교육 프로그램을 영어로 포장하여 창의력 융합교육 프로그램을 제작하도록 했다. 이에 대한 가설 검증은 해당 시장의 성공 사례로 수행했다. 당시 수학, 과학 등 전통적인 교육 시장은 침체하고 있었다. 하지만 'English Science', '영어로 하는 과학수업', '리더래빗' 등 영어로 수업하는 과학, 수학 프로그램들이 급성장하고 있었다. 또한 창의성 교육에 영어 교육을 접목시킨 이중언어 유치원이 급증하고 있었다. 이러한 사례로 인해 가설은 근거를 강화할 수 있었으며 전략 추진에 힘을 받을 수 있었다. 포디프레임은 융합 프로그램을 개발했으며 이는 시장에 좋은 반응을 보이며 매출 증대로 이어졌다. 이는 전략 가설을 사례로 검증하여 정교화 한 좋은 사례다. 사례로 검증할 때는 가설을 뒷받침하는 사례와 가설에 반대되는 예를 동시에 제시해 가며 가설을 정교화 해야 한다.

가설을 데이터로 검증하는 방법은 앞서 언급한 빅 데이터 활용 사례와 유사하다. 데이터에 매몰될 필요는 없지만 가설 검증에 필요한 사실 데이터는 매우 중요하다. 가설을 검증할 때만 데이터를 선별적으로 사용하는 것은 유능한 마케터의 필수 조건이다.

Chapter10
경험에 기반한 이론 활용법
고객이 원하는 것을 주어라

수단과 방법을
가리지 마라

레드불Red Bull은 오스트리아의
음료 회사인 레드불 GmbH가 제조하여 판매하는 고카페인 에너지 음
료다. 1987년에 처음 출시되어 세계시장에서 전례 없이 급성장했다.
그 원동력이 무엇일까? 레드불은 에너지 음료 시장의 폭발을 일으키
기 위해서는 활력이 넘치는 젊은 고객들을 타깃팅하여 유행을 일으켜
야 한다는 결론을 도출했다. 유행을 선도하는 젊은이들에게 소규모의
음료 회사가 신제품을 판매한다는 것은 여간 어려운 일이 아니었다.
소위 잘나간다는 젊은 유행 선도 고객들은 매우 까다롭고 마케팅으로

접근하기도 어려웠기 때문이다. 레드불은 본질적인 목적에 집중했다. "유행을 선도하는 젊은 고객에게 화제성을 일으킨다." 레드불은 전통적인 마케팅 방식에서 탈피하여 목적을 이루기 위해 수단과 방법을 가리지 않았다. 법의 테두리 안에서 할 수 있는 모든 방안을 총동원했다.

첫 번째로 레드불은 이상한 소문을 의도적으로 퍼뜨렸다. 그것은 "레드불은 마약이나 최음제가 미량 들어있다" 또는 "레드불은 소의 고환에서 추출한 성분이 함유되어 있다" 등의 화제성 있는 소문이었다. 이야깃거리를 좋아하고 새롭고 자극적인 소재를 좋아하는 젊은이들은 이내 열광적으로 반응하여 이러한 소문은 급격히 확산되었다.

두 번째로 레드불은 유행을 선도하는 젊은 고객이 많이 모이는 유흥가 클럽의 화장실에 찌그러진 레드불 빈 캔을 의도적으로 마구 뿌려놓았다. 클럽에 온 많은 젊은이들은 '잘나가는 클럽 애들이 레드불을 많이 마시는구나'라고 착각하게 되었다. 따라서 너도나도 레드불을 마시기 시작했으며 레드불은 유행을 선도하는 젊은이의 상징이 되었다.

세 번째로 레드불은 젊은이들이 주로 보는 익스트림 스포츠에 광고했다. 주로 격투기, 레이싱, 스케이트보드 등인데 이러한 스포츠들은 시청자가 젊은 고객으로 한정되어 있어서 광고주를 찾는 데 목말라 있었다. 레드불은 이러한 익스트림 스포츠에만 전략적으로 광고하여 타깃 고객들에게 꾸준히 노출시켰다. 결국 레드불은 젊은 유행 선도 고객군의 폭발을 일으켰고 전 세계적으로 유행을 확산시켜 성공할 수 있었다. 자본이 별로 없는 조그만 음료 회사가 적은 금액으로 최적의 마케팅을 수행하여 거대 글로벌 기업으로 성장할 수 있었던 비결은 다름 아닌 '목적을 위해서 수단과 방법을 가리지 않는 자세'가 있었기 때문이다.

대기업일수록 그리고 경험이 많은 사람일수록 틀에 박힌 사고를 한다. 마케팅 방안을 수립할 때면 그동안 자신이 해왔던 방식 또는 교과서적인 마케팅을 고집한다. 그것이 편하고 안전하기 때문이다. 특이한 시도를 했다가 실적이 나빠지면 자신만 손해라고 생각한다. 하지만 이 방식은 시간과 돈을 헛되이 버리는 일이다. 남들과 똑같은 마케팅만 하는 마케팅 부서는 존재 이유가 없다.

뷰자데

문제 해결을 표현하는 말들 중 하나는 '뷰자데'이다. 뷰자데는 로버트 서튼의 『역발상의 법칙』에 나온 데자뷰의 반대말로, 일상적인 행위지만 마치 처음 하는 것 같은 느낌을 받는 것을 말한다. 마치 익숙한 인간의 행동들을 처음 보는 것처럼 해석해야 한다. 예를 들어 '저 사람은 왜 저렇게 걸어 다닐까? 저 사람은 왜 머리색이 검정색일까?'라고 의문을 가지며 보아야 한다. 목적을 분명히 하고 어린아이의 마음으로 제로베이스에서 생각해야 한다. 수단과 방법을 가리지 말고 답을 찾자. 브레인스토밍brain storming을 하여 논박을 통해 가설-검증하며 찾아나가는 것이다. 레드불도 젊은 고객에게 접근하는 방식을 자유롭게 브레인스토밍하여 최종 방안을 도출했다.

감자 깎는 칼을 제조하는 A사는 성능 좋은 칼로 시장을 석권했지만 주부들이 하나씩 칼을 다 갖게 되자 더 이상 매출 성장을 기대할 수 없었다. 이런 저런 방식의 마케팅을 다 해보았지만 백약이 무효했다. 이에 컨설턴트들은 "사람들이 감자 깎는 칼을 하나 더 구매하게 하는" 목적에 집중하여 관찰 조사를 실시했다. 주부들은 껍질을 모으는 그릇을 받치고 감자 껍질을 깎기 시작했다. 감자를 모두 깎은 주부는 감자 깎는 칼을 껍질이 수북한 그릇 위에 두고 깎은 감자를 정리한 후 껍질이 쌓여있는 그릇에서 칼만 집어 들고 내용물을 모두 쓰레기통에 버렸다. 이에 착안하여 다음과 같은 답을 내었다. "칼 손잡이를 감자껍질 색과 같이 만드세요." 주부들은 감자 껍질을 쓰레기통에 버릴 때 (색깔이 비슷해서) 감자 깎는 칼이 있는 줄 모르고 함께 버렸던 것이다. 어쩔 수 없이 주부들은 감자 깎는 칼을 다시 구매할 수밖에 없었다. A사가 일반적인 마케팅 도구들에서 헤어나지 못한 반면, 컨설턴트들은 목적에 집중하여 답을 낸 것이다.

컨설턴트들은 처음부터 혁신적인 답을 내려고 노력하는 것이 아니다. 다만 목적에 집중하여 해결 방법을 고민하다 보니 절묘한 방안이 나온 것이다. 비즈니스에서 창의성은 천재의 머릿속에서 불현듯 떠오르는 것이 아니라 문제에 직면해 그 해결 방법을 고민하는 데서 나온다. 켈로그 경영대학원의 앤드류 라제기 교수는 다음과 같은 말을 했다. "구체적인 목적이 제시되지 않은 상태에서 혁신을 추구하는 것은 병을 진단하기도 전에 수술부터 하겠다고 나서는 외과 의사와 같다."

헨리 포드는 최초의 현대식 자동차 공장을 만들어낸 훌륭한 기업가다. 포드는 '더 빨리, 더 저렴하게, 더 품질 좋은 자동차를 만들어야 한다'라는 문제를 해결하고자 했고 다양하게 브레인스토밍을 실시했다. 그 결과 포드는 놀랍게도 세 가지 전혀 다른 분야의 아이디어를 채용해 혁신적 자동차 공장을 만들기에 이른다.

첫 번째로 시카고 정육 업체의 한 사람이 돼지다리를 잘라 포장하면 다른 사람은 돼지갈비를 잘라 포장하는 전문화 작업 방식을 자동차 조립 라인에 적용했다. 두 번째로 망가진 권총의 부품 여러 개를 이용해 새 권총을 조립할 수 있다는 일라이 휘트니의 '교환가능 부품 이론'을 적용하여 자동차 부품 공정을 최적화했다. 세 번째로 1882년 담배 산업에서 처음으로 사용된 연속 흐름 생산방식컨베이어 벨트를 통해 담배가 연속적으로 만들어지고 포장되는 것을 적용하여 프로세스 단일화 및 자동화를 설계했다. 이렇게 포드는 현대적 자동차 공장을 탄생시킨다. 목적에 집중하다 보니 전혀 관련 없어 보이는 산업들의 아이디어가 모여 혁신을 이룬 것이다.

망치든 자, 세상이 못으로 보인다

도구에 집착하면 모든 문제를 도구의 틀에서만 해결하려 든다. 마케팅 도구를 모두 내려놓고 문제에 집중하라. 그러면 어느 순간 가장 적합한 도구가 손에 들려있을 것이다.

스킨케어 제조 유통 기업 L사는 2011년 더페이스샵, 미샤 등 거대 기업들의 공세에 밀려 영업 채널에 위기를 맞게 되었다. 로드숍은 이대점, 강남점 두 곳으로 줄었으며 재무구조마저 불안정하여 매장을 늘리는 것에 어려움을 느끼고 있었다. 당시 L사의 임원진은 매일같이 전략 회의를 열어 방안을 구상했다. "인테리어를 간소하게 하자, 임대료가 저렴한 곳을 찾자, 매장 크기를 줄이자, 직원 수를 줄이자" 등 로드숍을 늘리기 위한 방안을 줄기차게 내놓았다. 그들은 수십 년의 경험을 통해 최적의 매장을 구성하여 오픈하는 것이 채널 확장의 유일한 방안이라는 믿음이 있었다. 하지만 이러한 방안은 비용, 입지 등의 문제로 계속 표류하며 시간만 보내게 되었다.

L사의 채널 확장 어려움을 알게 된 나는 본질적인 문제를 고민했다. 진짜 목적은 바로 "저비용으로 고객 접점을 최대한 늘리는 것"이었다. 꼭 매장을 오픈할 필요는 없다. 신규 매장을 오픈하면 수억 원의 비용이 소모되며 이는 재무구조가 약한 소규모 기업에 위험을 가중시킨다. 오랜 브레인스토밍 결과 새로운 결론을 도출하였는데 그것은 대형 SPA브랜드에 인숍in-shop 형태로 판매대를 두는 것이었다.

고객 관찰 결과 고객들은 의류 매장에서 의상을 착용하고 거울을 보았는데 이때 피부를 바라보며 화장품 니즈가 발생했다. 또한 SPA브랜드 입장에서는 매장의 대형화가 진행되면서 다양한 제품 구비에 허덕이고 있었으며 트렌디한 스킨케어 브랜드와의 콜라보레이션을 통한 이미지 상승 기대감에 대한 니즈가 있었다. 결국 백화점에 브랜드가 입점하는 숍인숍 개념으로 SPA브랜드에 들어가 채널을 확장할 수 있었다. L사는 대형 계약을 통해 매장 당 1000만 원도 안 되는 비용으로 매대를 오픈할 수 있었고, 운영비도 절감하여 꾸준한 수익을 창출할 수 있었다.

L사의 임원들은 '매장 오픈 경험'이라는 도구를 손에 쥐고 채널 확장 문제를 해결하려 했다. 그들은 자신 있는 분야인 매장 전략으로 모든 것을 해결하려 했다. 하지만 그것은 목적을 달성하기 위한 하나의 도구에 불과하다. 쇼핑센터, 편의점, 온라인, 수출 등 영업 채널을 늘리는 방안은 얼마든지 있기 때문이다. 도구에 의존하여 문제를 바라보면 사고의 틀이 좁아지게 된다.

2010년은 미국 비디오 대여 시장이 격변하는 시기였다. 시장 절대 강자였던 블록버스터는 감소하는 매출과 영업이익으로 파산신청을 했고, 신흥 기업 넷플릭스는 올해의 기업으로 선정되었다. 무슨 일이 있었던 것일까?

당시엔 VOD 우편 배송 기업인 넷플릭스, 부두VUDU 등 많은 경쟁 기업들이 나타났는데 그 현상의 근본 니즈는 고객이 "편하게 원하는 DVD를 보고 싶다"였다. 블록버스터는 이러한 니즈에 대해 대대적인 고객 조사를 펼치며 고객의 요구를 충족시키기 위해 노력했다. 블록버스터는 베스트 DVD 또는 장르별, 연령별 추천 상품 등을 점원이 추천하며 고객의 니즈를 맞춰주었다. 또한 우편 배송으로 주문하고 매장에 방문하여 반납하도록 하는 등 고객 편의성도 제공했다. 하지만 결국 넷플릭스의 우편 배송, 맞춤 추천 서비스에 무너지고 말았다. 그 이유는 무엇일까?

블록버스터는 전통적인 오프라인 상점 개념인 '브릭 앤드 모타르 brick-and-mortar'로 성장한 회사다. 블록버스터의 임원들은 비디오 대여 산업은 당연히 '고객이 매장에 들러서 여러 가지 제품을 둘러보고 빌려간다'라고 생각했다. 매장의 점원들과 수다도 떨며 신작에 대한 이야기도 나누면서 추천하고 빌려오는 것을 당연하게 여겼으며 그러한 매장을 정교하게 구성하는 것을 성공 요소로 생각하고 있었다. 블록버스터는 한 가지 사고의 틀에 갇혀있었던 것이다.

하지만 넷플릭스는 "편하게 원하는 DVD를 보고 싶다"는 니즈에 집중하여 자유로운 방안을 도출했다. '편하게' 보기 위해서는 고객 동선을 최소화해야 했다. 운송 수단 및 포장 기술의 발달로 인해 굳이 상점까지 나올 필요가 없었고 직접 집까지 배달하고 수거해가거나 또는 VOD로 시청하는 것이 가장 좋다는 결론을 이끌어냈다. 또한 '원하는' DVD를 보고자 하는 니즈는 고객이 원하는 옵션들을 주고 쉽게 선택하도록 했다. 넷플릭스는 DVD간의 연관도를 계산하였고 이를 통해 고객이 빌려갔던 DVD들과 가장 연관도 높은 DVD 목록을 추천했다. 이는 개인별로 최적화된 추천 목록이었으며 블록버스터처럼 전체 베스트 추천보다 훨씬 적중률이 높았다.

블록버스터처럼 성공가도를 달린 인재들이 많고 경험과 데이터가 많을수록 기존의 도구를 버리지 못하고 빠른 경영 환경 변화에 무너지는 경우가 많다. 도구를 잘 쓰는 것은 좋지만 도구의 노예가 되면 안 된다.

문제 해결력을 배양하라

'항상 갈구하고, 항상 우직하라.Stay hungry, stay foolish.'

스티브 잡스가 2005년 스탠포드 대학교 졸업식 연설에서 언급했던 말이다. 스티브 잡스는 문제 해결력 배양의 중요성을 알고 있었다. 글로벌화가 진행되고 생산기술이 진보하면서 기업은 대형화되고, 거의 모든 절차적Procedural 업무, 단순 작업이 점차 없어지고 있다. 미래에는 브레인 워크Brain work, 창조적 문제 해결력과 일부 서비스업을 제외하고는 많은 일자리가 줄어들 것이다. 실제로 2014년 세계노동기구ILO는 '세계 고용 동향 보고서'를 통해 2018년까지 실업자가 꾸준히 증가해 2억 명 이상이 일자리를 잃을 것으로 내다봤다. 과거에는 열심히 일만 하면 되었는데 현대의 거대 물결은 불가항력적이다. 예술을 포함하여 머리를 쓰는 일 아니면 사람이 직접 제공하는 서비스업 외에 살아남기 어렵다. 서비스업조차도 점차 컴퓨터, 로봇이 잠식할 것이다.

인류는 생산/정보의 시대에서 소비/행복의 시대로 넘어가고 있다. 스티브 잡스는 인문학과 공학을 융합하면서 인간 중심의 창조적 문제 해결의 의미를 알고 있었다. 인간에게 행복을 주는 일을 하기 위해서는 영역의 한계를 뛰어넘어 목적을 달성하기만 하면 되는 일이다. 과거에는 인문학 및 공학 등 각 분야에 갇혀서 지식 기반으로 경제활동을 영위할 수 있었지만, 그러한 지식 기반 사회조차 현대에는 집단지성, 정보 네트워크의 힘으로 해결이 가능하다. 남은 것은 창조적 문제 해결력 밖에 없다. '융합' 자체가 중요한 것이 아니라 '문제 해결'이 중요함을 인식해야 한다.

'Stay hungry, stay foolish'의 참된 의미는 경제력이 상승하고 물질적으로 풍요하더라도 문제 해결력을 놓지 말고 생각하는 습관을 항상 유지하며 발전하라는 것이다. 물질이 곧 행복을 의미하지 않기 때문이다. 'Stay hungry'는 단순히 경제적 목표 달성을 떠나 자아실현 의지를 놓치지 말라는 것을 의미한다. 'Stay foolish'는 의도적으로 배움 및 생각을 즐기도록 머물라는 뜻이다. 왜 Stay일까? 그 말은 곧 허기진 상태, 어리석은 상태에 머무르는 것이 매우 어렵다는 역설이다. 인간은 물질적으로 풍요해지고 몸이 편해지면 정신이 그 상태에 머물지 못하고 지금까지 하던 대로 하길 원하며 생각하는 법을 잊어버린다.

위기와 안정의 딜레마

'미꾸라지를 키우는 논 두 곳 중 한쪽에는 포식자인 메기를 넣고 다른 한쪽은 미꾸라지만 놔두면 어느 쪽 미꾸라지가 잘 자랄까. 메기를 넣은 논의 미꾸라지들이 더 통통하게 살찐다. 이들은 메기에게 잡아먹히지 않기 위해 더 많이 먹고 더 많이 운동하기 때문이다.'

이건희 삼성 회장이 1993년 신경영을 시작하면서 설파한 이른바 '메기론'이다. 현대 경영환경에서 과연 메기론이 맞을까? 맞기도 하지만 틀리는 부분도 있다.

"빚 얻어 세금내야 합니다." 계속하여 마이너스 성장을 하고 있는 스페인의 한 자영업자의 이야기다. 유럽 경제가 점점 악화되고 일본 기업들이 흔들리는 이유는 무엇일까? 아프리카는 계속되는 기근에도 불구하고 경제가 살아날 기미가 보이지 않는 것은 왜일까? 재벌 2세가 기업을 성장시키는 데 어려움을 겪는 이유는 무엇일까?

목표문제가 있어야 문제 해결력을 기르고 중장기적으로 발전할 수 있다. 하지만 과거에 번영했던 많은 선진국들은 꾸준히 부를 창출해주는 경제/문화유산으로 인해 안정적이었고, 문제에 직면해 있지도 않았다. 게다가 자국 통화가치도 높아 많은 물질적 소비를 누렸다. 결국 문제 해결력 배양을 등한시 했다. 아프리카의 많은 나라들은 서방의 원조를 습관처럼 받아들임으로써 자국의 문제를 직접 해결하는 힘을 잃어버렸다. 과거에 많은 어려운 문제를 해결하며 실력을 갖춘 재벌은 문제 해결력이 충분했지만, 재벌 2세들은 그럴 기회가 없었기 때문에 새로운 도약을 이루기가 어렵다. 즉, 문제 해결력을 얻으려면 위기가 필요하다.

나의 경험상 성장가도를 달리는 기업, 소위 잘나가는 기업은 컨설팅을 받지 않는다. 문제가 표면으로 드러나지 않았기 때문이다. 하지만, 이미 문제가 드러난 위기의 기업 또한 컨설팅을 받지 않는다. 여유가 없기 때문이다. 많은 기업들이 안정적일 때는 현재에 안주하고, 위기일 때는 단기적, 정치적으로 수습하려 한다.

2011년, 국내 최초 커뮤니티 포탈사이트였던 프리챌이 13년 만에 파산했다. 2000년대 초반 일방문자 수 1000만 명을 넘기기도 하며 전성기를 구가하던 프리챌이 몰락하게 된 이유는 무엇일까? 혹자는 성급한 유료화라는 표면적 이유를 언급하지만 여기에는 '문제 해결력 약화'라는 본질적 원인이 숨어 있었다. 프리챌은 사업 시작 이후 엄청난 성공을 거두며 기대를 모으게 되었다. 기업 잠재력은 누구나 인정하지만 닷컴버블 이후 섣불리 대규모 투자를 망설였고, 실제 프리챌 내부적으로는 계속되는 적자에 허덕였다. 이러한 위기를 견디지 못한 프리챌이 2002년 10월 유료화라는 '악수'를 두자 소비자는 경쟁사인 싸이월드로 대규모 이동했다. 이듬해 유료화를 철회했지만 이미 대세는 기울어진 상태였다.

초창기 프리챌은 커뮤니티 플랫폼 니즈를 포착하여 '아바타'를 내세우는 등 뛰어난 문제 해결력으로 성공했다. 하지만 재무적 압박에 다급해진 프리챌은 어떻게 해서든 위기를 모면해야 했다. 궁지에 몰리면 감정이 개입하고 문제 해결력이 약화된다. 결국 단기 수익 모델인 유료화라는 악수를 둔 것이다.

일만 열심히 하면 되는 시대에는 위기가 기업에 무조건 좋다. 하지만 머리를 쓰는 시대의 위기는 기업을 더 악순환에 빠져들게 할 수 있다. 위기의 기업 또는 기업인은 스스로 문제를 해결하려 하는데, 욕심/두려움이 많을수록 감정이 개입하게 되며 이는 문제 해결에 장애가 된다. 결국 경험과 방법론으로 밀어붙이거나 타인에 의존하여 문제를 수습하게 된다.

이렇듯 'Stay hungry, stay foolish'를 실현하기는 어렵다. 문제 해결력은 배양하기 어려운 것이다. 여유안정도 있어야 하고 목표 의식위기

2부 고객을 보는 안목을 키워라

도 있어야 하는데 이러한 환경을 적절히 제공받기도 어렵고, 이런 환경에서 최선을 다하는 인재를 찾기도 어렵다. 꾸준한 혁신을 추구하며 문제 해결을 핵심 역량으로 삼는 구글에서는 이러한 딜레마를 해결하기 위해 부단한 노력을 경주했다. 구글은 직원들의 목표 의식을 뚜렷이 고취시키면서 여유롭게 근무할 수 있도록 환경을 제공한다. 수영장, 게임센터, 카페 등을 제공하여 여유롭게 근무하도록 하면서도 인간 중심의 가치를 실현하도록 의욕을 북돋운다. 이러한 방침은 브레인잡을 수행하는 시대의 유일한 인재 관리 방향이다.

'융합'이란

〈모나리자〉로 유명한 레오나르도 다 빈치는 융합형 인재의 전형으로 알려져 있다. 하지만 다 빈치의 위대함은 예술, 발명, 과학, 건축, 요리를 모두 잘하는 팔방미인형 재능에 있지 않다. '모두 다 잘한다'가 융합의 미덕이 아니라는 말이다. 다 빈치는 '인간에게 가치를 창출'하는 문제에 집중하여 문제 해결력을 발휘하였다. 다 빈치의 노력은 행글라이더, 낙하산 등의 실용적 결과물을 낳았다. 비록 그 결과가 과학, 예술을 융합하여 나온 것이지만, '융합' 자체는 과정이지 목표가 아니다.

해외의 대학 학부생이 졸업할 때 받는 학위 중, 크게 인문학 전공 분야의 '문학사Bachelor of Arts' 또는 이공계 전공 분야의 '이학사Bachelor of Science'가 있다. 학문을 예술과 과학이라는 양대 축으로 바라보고 있다는 것인데 그 이유는 무엇일까? 예술Arts과 과학Science의 사고방식이 완전히 달랐기 때문이다. 예술로 가까워질수록 정답이 없고 다양성이 증대된다. 과학으로 갈수록 정답이 뚜렷하고 법칙화 된다.

과거에는 통합 학문으로도 충분했다. 그러나 사회가 세분화 되면서 분과 학문의 발달을 가져왔다. 그러나 20세기 후반 물리학의 위기를 거치며 인본주의 기반의 학문간 융합의 문제가 다시 제기되고 있다. 어째서 융합이 요구되는가? 이는 문제 해결력이 점차 중요해지고 있다는 반증일 것이다. 과거에는 공급자 중심으로 기술이 발전함으로써 공급 과잉으로 인한 잉여가 발생했다. 하지만 현대에는 수요자 중심에서 물질을 활용하는 것이 더 중요해졌다.

네오펙트는 2014년 의료 빅 데이터 분석 소프트웨어인 '라파엘 플랫폼 솔루션'을 출시하며 급성장을 이루고 있다. 일반적인 빅 데이터 회사들이 데이터 자체에 집중하여 뚜렷한 성과를 내지 못하는 반면, 네오펙트는 성과를 위한 문제 해결에서 출발하여 데이터를 자유자재로 다루며 성과를 창출했다. 네오펙트는 뇌졸중 환자의 재활 치료 문제에 집중했다. 재활 치료를 위해서는 재활 장비의 품질과 환자의 의지, 정확한 처방이 중요한 사항이었다. 네오펙트는 리서치를 통해 치료 프로그램 가설을 수립하고 이에 맞는 데이터를 수집했다. 가설에 기반하여 환자별 처방은 물론 이행 및 결과 데이터를 분석했다. 환자와 재활 유형을 수십 개의 군집으로 분류하고 각 유형에 맞는 최적 처방 프로그램을 정형화했다. 플랫폼 솔루션의 특성상 협력 기관 증대, 유형 상세화, 처방 정교화 등 선순환 지속 성장이 가능했다.

빅 데이터 분석 분야는 융합형 문제 해결의 대표적 모습이다. 하지만 단순히 텍스트 마이닝 또는 데이터 통합에 의한 다양한 의미 도출은 과정일 뿐이다. 데이터를 잊고 성과를 위한 문제 해결에서 출발해야 한다. 그것만이 빅 데이터 성공의 유일한 답이다.

중요한 것은 '문제 집중'

스티브 잡스는 명상 수행을 하고 인도로 여행을 떠나기도 하는 등 인문학 습득을 갈구했다. 인문학과 공학을 자유롭게 넘나드는 것은 매우 어렵다. 정답이 없는 인문학과 정답이 분명한 공학의 각 사고의 틀을 벗어나기가 어렵기 때문이다. 비즈니스 세계에서 마케팅 역량과 재무 역량을 동시에 습득하기가 어려운 이유는 무엇일까? 대차대조표의 차변과 대변으로 인식되는 마케팅과 재무는 '돈을 쓰자'는 마인드와 '돈을 아끼자'는 마인드가 뚜렷하여 생각의 틀을 벗어나기 어렵기 때문이다.

이러한 사고의 틀을 벗어나기 위해서는 많은 문제에 직면하고 문제에 집중하는 훈련을 해야 한다. 문제 해결력을 기르기 위해서 문제 자체에만 집중하며 경험과 이론을 꾸준히 쌓아가야 한다. '카르페 디엠 carpe diem' 즉, 현재에 충실하며 모든 것을 새롭게 보고 제로베이스에서 문제를 해결하려는 습관을 갖는다. 감정을 배제하고 문제를 바라보고 이성적으로만 노력하여 논리적 답을 내면 저절로 문제 해결력을 기를 수 있다. 기술과 경험은 따라올 뿐이다.

경험과 이론의 조화

나는 기업에 컨설팅을 가면 다음과 같은 말을 자주 듣는다. '내가 이 업계에 수십 년 동안 있어봐서 아는데……, 내가 다 해봤는데……' 라는 식으로 이야기하면서 자신의 주장을 관철하려 한다. 업계에서의 오랜 경험은 돈으로도 살 수 없는 값진 것이다. 그렇다고 이러한 경험만으로 문제를 해결하려는 것은 매우 위험하다. 비즈니스 세계에서는 이러한 경험이 오히려 독으로 작용하는 경우가 많기 때문이다.

우리가 주변에서 흔히 볼 수 있는 안경이 과거에는 주로 시력 교정이라는 기능적 역할을 했기 때문에 남성들이 주 구매고객으로 자리 잡았고, 여성들은 콘택트렌즈를 착용했다. 하지만 안경이 기능 재화가 아닌 패션의 영역으로 확장되면서 여성들이 안경의 유행을 선도하고 전파하였으며 남성들은 그 유행을 따라가는 양상을 보였다. 따라서 여성이 중요한 고객으로 부상했다. 과거의 경험에 의해서 남성 위주로 기능적 안경 사업을 했던 경험이 지금은 다 무용지물이 된 것이다.

문제 해결에 필요한 두 가지 업무가 있다. 가설-검증 방식으로 문제를 논리적으로 해결하는 '브레인잡brain job, 두뇌로 해결한다는 의미'과 경험으로 쌓인 감각적 판단 능력인 '그레이헤어잡gray-hair job, 머리가 희끗희끗해지면서 쌓인 관록으로 해결한다는 의미'이다. 보통 기업에서는 문제 해결의 영역이 분명히 브레인잡 임에도 불구하고 오랜 경험을 지닌 사람에게 맡겨 그레이헤어잡으로 문제를 해결하려고 한다. 정보 전달이 느리고 환경 변화가 더딘 과거에는 경험에서 나오는 힘이 강력했다. 하지만 현대와 같이 경영 환경이 급변하는 때에 경험 위주의 문제 해결이 어려운 경우가 많다.

2010년 대기업인 A패션의 남성 정장 브랜드는 저조한 실적으로 인해 성장 방안을 고민했다. 매장 관리자를 북돋우고 영업 지침을 정교하게 구성하는 등 안간힘을 썼지만 실적은 나아질 기미가 보이지 않았다. 이에 나는 고객 관찰을 실시했다. 그 결과 제품을 열심히 설명할 때보다 구매자와의 친밀도가 높은 경우 훨씬 판매 성공률이 높다는 것을 발견했다. 하지만 A패션의 매장 점원은 제품 설명에 주력하고 있었다. 고객은 제품에 대한 설명은 어려워하며 보통 같이 온 친구나 친한 점원의 말을 듣고 구입했다. 처음 보는 점원이 제품에 대해 설명하면 믿음이 가질 않아 구매를 망설였다.

여기에는 중요한 원리가 숨어있었다. "고객은 정장을 잘 모른다"는 것이다. 대부분의 고객은 정장을 잘 모르니 자신과 친한 사람의 추천을 믿고 제품을 구매했다. 이는 변호사나 컨설턴트에게 일을 의뢰할 때 발생하는 것과 유사한 본인-대리인 문제Principal-Agent problem, 주인과 고용인의 정보 비 대칭성으로 오는 문제들다. 이러한 문제가 발생하는 산업에서는 무조건 고객에게 믿음을 심어주는 것이 최우선이다. 나는 즉시 전략적 해결 방안을 제시했다. 고객이 방문하면 제품 설명은 절대 꺼내지 말고 날씨 이야기, 교통 이야기 등 간단한 대화로 시작하라는 것이었다. 몇 마디 대화를 나누면, '고객님은 체구가 크시니까 검정색 정장이 더 어울려요'라는 식의 '나는 고객인 당신을 잘 안다'라는 믿음을 주어 판매를 유도하도록 했다. 복잡한 영업 매뉴얼을 모두 폐기하고 간략한 응대 노트를 배포했다.

그 전략을 실행한 결과 두 개의 매장에서 실행 전 주 25%였던 판매 성공률이 54%로 상승했다. 단순히 응대 방안만 바꿨을 뿐인데 매출 상승과 충성 고객 확보라는 성공적 결과를 가져왔다. 어느 산업을 막론하고 내가 만난 경영자들은 모두 이런 말을 한다. "우리 분야는 특이해서 일반적 접근은 맞지 않습니다." 하지만 실제로 진행해본 결과 거의 대부분의 경우 성공 법칙을 약간 수정하여 적용할 수 있었다. A패션도 마찬가지였다. 본인-대리인 문제같은 단순한 원리도 강력하게 적용할 수 있다. 비즈니스에서의 성공 법칙의 요체는 이론을 현실에 적용하는 훈련이다. 경험을 기반으로 이론을 활용할 수 있는 논리력을 기른다면 어떤 비즈니스 문제도 해결할 수 있을 것이다.

인간의 약점을 이용하라

당신은 합리적이라고 생각하는가? 그렇다면 다음 질문에 답해보자.

"3만 원짜리 전자레인지 구매 시 1만 원을 절약하기 위해 15분을 운전해 가시겠습니까? 80만 원짜리 TV 구매 시 1만 원을 절약하기 위해 15분을 운전해 가시겠습니까?"

"당신은 1만 원짜리 무료 상품권을 받는 것과, 7천 원을 내고 2만 원짜리 상품권을 받는 것 중 무엇을 선택하시겠습니까?"

"실패율이 15%인 수술과 성공률이 85%인 수술 중 어떤 것을 선택하시겠습니까?

아마도 선뜻 대답을 못할 것이다. 인간은 자신이 최선의 선택을 했다고 믿고 있지만 실제로는 그렇지 않다. 인간은 진화 과정 및 경험에서 쌓여온 행동 습관이 심리상에 남아있으며 그러한 경향은 이성적 사고 과정을 교란하게 된다. 따라서 이러한 심리 특성을 비즈니스에 적용하면 혁신적 해결 방안을 찾을 수 있다.

이러한 기술들은 학문으로 발전하여 행동경제학이라는 분야를 열었다. 행동경제학은 주류 경제학의 기본적 가정인 언제나 합리적인 선택만을 하는 경제적 인간Homo-economics에 대한 물음에서 시작되었다. 행동경제학에서의 인간은 '인간은 완전히 합리적일 수 없고 합리성은 결과가 아닌 선택의 과정이나 방법에서 논해야 한다'는 것이다. 행동경제학에는 다양한 개념이 있으나 비즈니스에 주로 활용할 수 있는 '감성적 영향'과 '가치 평가' 분야에 대한 사례와 인사이트에 대해서 논하도록 하겠다.

감성적 영향

와비파커는 2010년 미국에 설립된 온라인 안경/선글라스 판매 기업이다. 단돈 2500달러로 시작한 와비파커는 다음해인 2011년 한 해 동안 10만 쌍의 안경을 판매하고 1천 500만 달러의 투자를 유치하는 등 무서운 속도로 성장했다. 와비파커의 성공 비결은 무엇일까?

와비파커는 우선 고객이 온라인을 통해 가장 마음에 드는 안경을 최대 다섯 쌍을 선택하여 신청하도록 했다. 그러면 우편으로 배송되었으며 5일 동안 착용해보도록 했다. 5일 후 등록된 결제 방법으로 간편하게 구매가 가능하게 했다. 까다로운 온라인 배송비 정책을 모두 없애고 무료 배송 및 반송을 실시했다.

위 전략은 행동경제학의 '감성적 영향' 전략을 적절히 사용한 케이스다.

구매 중단Purchase Paralysis : 인간은 선택 옵션이 너무 많으면 결정하지 않는 경향이 있다. 와비파커는 선택 옵션을 다섯 가지만 주고 그 중에서 결정하도록 유도했다. 따라서 고객은 '최선의 선택을 했다'라고 안심하고 구매했다.

보유 효과Endowment Effect : 와비파커는 5일 동안 착용해보도록 했다. 고객은 5일간 자유롭게 시험해보았는데 자신도 모르게 제품에 적응하여 품질이 좋다고 느끼게 되었고 구매 욕구가 증대되었다. 인간은 이미 보유하고 있는 상품에 더 높은 가치를 부여한다. 와비파커는 일단 사용하게 하고 고객이 느끼는 가치를 높인 것이다.

초기값 의존Reliance on Defaults : 인간은 기본을 당연한 것으로 믿고 태만에 빠지는 경향이 있다. 와비파커는 이미 등록되어 있는 결제 수단으로 결제 단계를 최소화했다. 와비파커 고객은 로그인하고 주문할 때 결제 수단을 함께 입력함으로써 자신도 모르게 결제를 전제하고 있었던 것이다.

공짜 선호Love of Free: 와비파커는 배송비를 공짜로 하고 대신 제품 가격에 반영했다. 고객은 무료 배송으로 인해 큰 만족감을 얻게 되었으며 부담 없이 주문했다. 인간은 무의식적으로 공짜를 매우 선호하며 아주 작은 금액이라도 지불되는 것을 싫어한다. 와비파커는 배송비 무료로 손해 보는 것 이상의 가치를 얻게 되었다.

안경은 가격도 비싸고 섣불리 구매 결정을 내리기 어려운 제품이다. 초기 시도에의 장벽이 너무 높았던 것이다. 고객은 위험을 회피하고 싶어 하는 감성적 영향이 강하게 작용하는 경우에 구사할 수 있다.

호주에 본사를 둔 글로벌 제과 기업 베이커스 딜라이트Bakers Delight는 프레시 프렌차이즈 프로그램Fresh Franchisee Program을 시행했다. 이 프로그램은 점주 후보자들에게 다양한 교육을 무상으로 제공하는 것이었다. 참가자들은 경영 교육, 제과 교육, 프랜차이즈 교육 등을 받으며 우수 참가자는 재무적 지원support도 받는다. 이 프로그램은 아무 조건이 없다. 하지만 프로그램에 참가한 사람들의 반 이상은 결국 프랜차이즈를 시작하게 된다. 교육에 참가했다는 사실, 재무적 지원을 받는다는 사실이 프랜차이즈를 시작하는 데 좋은 기회가 되며, 당사자들은 계속되는 유혹을 뿌리치기 어렵다. 이러한 방식으로 프랜차이즈를 확장한 베이커스 딜라이트는 호주에 700개 매장과 연 6억 달러 매출을 올리는 기업으로 성장했다.

베이커스 딜라이트도 감성적 영향 분야의 '보유 효과'와 '공짜 선호'를 활용한 기업이다. 한 번에 프랜차이즈 계약을 체결하는 데 많은 불안감이 있지만, 단계적으로 불안감을 해소시켜주면 자연스럽게 프랜차이즈를 할 수 있는 것이다. 이렇듯 구매 장벽이 높은 경우 일단 경험을 시키는 '문전 걸치기' 전략이 주효하다.

가치 평가

네트워크 한방병원인 발머스한의원은 2010년 확장 초기, 한방 관리 프로그램을 출시하면서 고객에게 소개하는 데 큰 어려움을 겪었다. 생소한 한방 치료 방법은 일반인이 이해하기에 너무 복잡하고 어려웠다. 또한 가격은 너무 비싸 섣불리 선택하기 힘들었다. 나는 이에 행동경제학의 가치 평가 전략을 제안하였는데 그 내용은 이러했다.

상대적 가치Relative Valuation: 인간은 제품의 본질적인 가치보다는 다른 가격 포인트와의 비교를 기반으로 가치를 평가한다. 발머스한의원은 고객들로 하여금 고가의 한방 프로그램인 골든타임 프로그램을 선택하도록 그보다 비싼 프로그램을 의도적으로 제시하여 상대적으로 골든타임 프로그램이 저렴하다고 느끼도록 했다.

프레임 효과Framing: 특정한 언어적 맥락이 의사결정에 영향을 미

2부 고객을 보는 안목을 키워라

친다. ex. 사람들은 '20% 지방'보다 '80% 살코기'라고 표기된 고기의 구매를 더 선호한다. 발머스한의원은 프로그램 설명을 유리한 표현으로 수정했다. 탈모 확률에 관해서는 부정적 표현으로 비율을 제시하였으며 치료 확률에 대해서는 긍정적 표현으로 바꾸었다.

위와 같이 인간은 가치를 평가하는 데 있어서 사고의 틀과 방식이 정해져 있으며 이를 이용하여 유리한쪽으로 가치 평가를 활용할 수 있다.

콘텐츠 서비스 전문 업체 위디스크는 '캐시'라는 사이버 머니 개념을 도입했다. 캐시는 현금과 거의 유사한 역할을 하며 콘텐츠 구입에 주로 사용되었다. 그렇다면 현금을 직접 적립하여 사용하지 않고 캐시를 충전하여 사용하도록 한 이유는 무엇일까?

심적 통화가치 Mental Accounting: 사람들은 자신의 재정에 대해 잘못된 구분이나 카테고리를 사용한다. ex. 카지노에서 벌어들인 돈은 심적으로 다른 기준으로 생각한다. 위디스크는 의도적으로 현금을 캐시로 변환시킴으로써 결제의 장애물을 제거했다. 실제의 가치인 현금보다 더 낮은 것으로 판단하도록 한 것이다. 고객은 캐시로 변환할 때는 현금과 같이 합리적으로 쓸 수 있다고 생각하지만 정작 캐시를 사용할 때는 현금보다 낭비했다.

자기 제어 Self-Control: 사람들은 자기 제어를 지속시키는 데 어려움이 있다. 위디스크는 캐시를 적립할 때 한 번에 많이 충전할수록 추가 혜택을 증대시켰다. 따라서 고객은 가능한 많이 충전했다. 고객은 많이 충전된 캐시를 합리적으로 천천히 쓸 것이라 생각하지만 많이 충전한 고객은 대부분 빠르게 캐시를 소비했다. 이렇듯 인간은 누구나 자기 제어의 어려움을 겪고 있으며 사이버머니와 같이 가치가 명확하지 않을수록 합리적이지 않은 경향이 있다.

자본주의 사회에서 인간이 가치를 평가하는 데 있어서 현금으로 생각하는 것이 일반적이지만 본질적으로 이와는 다른 경향을 나타낸다. 이를 경영에 접목하면 효율적인 수익 전략이 가능하다.

지금까지 행동경제학을 통해 인간의 의사결정을 유도하는 패턴들을 보았다. 현대와 같이 치열한 경쟁시대로 진입할수록 점점 이러한 인간 정신 분석 기반의 전략이 중요해진다.

프레임으로
사고하라

마케팅 부서의 아이디어가 다 뻔해 보이는 이유는 무엇일까? 그리고 그런 아이디어들은 명확히 설명되지 않으며 성공의 확신이 들지 않는 이유는 무엇일까? 바로 구조적으로 생각하고 논리적으로 설명하지 못해서다. 프레임워크Framework로 사고하고 전략을 수립하는 습관을 들인다면 당신의 마케팅 능력은 배가될 것이다.

대형 마트에 가면 만두, 핫도그 등 냉동식품을 꺼내놓고 시식을 하는 것을 볼 수 있다. 시식 코너에는 사람들이 많이 사는 과일이나 계란보다 냉동식품과 같은 가공식품이 많이 보이는데 그 이유는 무엇일까?

고객이 마트에 방문할 때 자주 구매하는 과일, 곡식, 유제품 등은 필수적으로 구매한다. 필수적으로 꾸준히 구매하는 제품은 잊어버리지 않고 꼭 구매한다. 하지만 가공식품은 그렇지 않다. 가공식품은 "사도 되고 안 사도 된다." 만약 가공식품이 한쪽 구석에 숨어있다면 대다수 고객은 굳이 그것을 찾지 않을 것이다. 따라서 가공식품은 선택 받기위해서 고객의 눈에 뜨일 필요가 있기 때문에 시식 코너가 전략적으로 매우 효과적이다. 가공식품은 냄새를 풍기거나 시식을 시킴으로써 구매 욕구를 자극하는 판촉이 효과적이다.

위와 같은 마케팅은 현장 경험이 있는 사람이라면 알 수 있는 것들이다. 하지만 논리적으로 정교하게 "왜 그러한지"는 설명하지 못한다. 당장은 상관없지만 상황이 조금이라도 달라지면 시행착오에 직면한다. 현장 전문가는 새로운 환경에 부딪치면 기존의 경험에 의존하여 맹목적으로 수행하는 경우가 많기 때문이다.

가공식품 구매 패턴을 구매 단계 프레임워크로 이해하면 그 의미를 명확히 이해할 수 있다. 인간은 제품/서비스를 구매할 때 정형화된 일련의 과정을 거치는데 그것을 CVCCustomer Value Chain라 한다. CVC란 구매 과정을 단계별로 나타낸 것으로, 각 단계별 행동 패턴이 완전히

[그림6] CVC의 기본 프레임

| 고객인지 Awareness | 정보 수집 Information Gathering | 의사결정 (Decision Making) | 구매 Buy | 사용 Use | 서비스 Service |

다르다. 따라서 각 단계별 구매 과정을 분석하여 어느 단계에 문제가 있는지, 어떻게 해결해야 하는지를 명확하게 알 수 있다. CVC는 '인지－정보 수집－의사결정－구매－사용－서비스'의 여섯 단계로 구성된다. 모든 단계를 거쳤을 때 비로소 구매를 일으키게 된다. 고객은 여러 단계를 절대 동시에 해결하지 않으며 어떤 단계로 뛰어넘지 않는다. 한 단계씩 차례로 해결하고 넘어가는데, 우리는 각 단계의 중요 포인트를 명확히 도출해야 한다. 각 단계에서 우리 제품은 어느 단계가 취약한지 판단하여 그 단계를 성공적으로 통과시키는 전략이 필요하다.

　'인지Awareness'는 제품의 구매 필요성을 느끼는 시점이다. 제품을 사야겠다는 마음을 먹는 단계가 인지 단계다. 주로 쓰던 제품이 떨어지거나 새로운 니즈를 발견했을 때 구매 욕구가 자극된다. '정보 수집 Information Gathering'은 제품의 후보를 충분히 검토하는 단계다. 인간은 구매하려는 제품의 옵션 몇 가지를 검토해보고 결정한다. 옵션을 다 봤다는 마음이 들어야 정보 수집 단계를 마치게 되며 그렇지 않을 경우 의사결정을 미룬다. '의사결정Decision Making'은 정보 수집 결과를 바탕으로 최선의 선택을 하는 단계다. 인간은 누구나 의사결정을 할 때 기준이 있으며 이에 따라 최선의 결정을 하거나 했다고 믿는다. '구매buy'는 최종 지불-수령 행위를 통해 만족스러운 거래를 했다는 마음을 갖는 단계다. '사용use'은 의사결정 이후 물건을 구매하고 사용하는 단계이며 '서비스Service'는 사용 이후 받는 서비스를 말한다. 제품마다 다르지만 대부분의 경우 '인지-정보 수집-의사결정'의 세 단계가 가장 중요하며 이에 대해 명확히 이해하고 정밀하게 분석할 필요가 있다.

가공식품의 경우 '인지 단계'에 문제가 있는 상품이다. 사과나 계란의 경우 '제품을 사야겠다'라는 마음을 먹고 마트에 방문하지만 가공식품은 그렇지 않다. 따라서 이를 해결하는 것, 즉 "제품을 사야겠다"는 마음을 심어주는 것이 중요하다. 광고 등의 미디어를 통해 전달하면 당시에는 고객이 '사야겠다'는 마음을 가질지 모르지만 마트에 도착해 기억하지 못하는 경우가 있다. 따라서 마트에 온 시점에 고객에게 '인지'시키는 것이 매우 중요하며 강력하다.

전업주부인 권희정 씨는 집의 TV가 고장나서 TV를 사기로 마음을 먹었다. TV를 사기 위해 집 앞의 삼성전자 대리점에 방문했다. 제품 설명을 듣고 좋은 TV를 발견했으나 선뜻 구매가 망설여진다. 그도 그럴 것이 고가의 TV를 단 한 군데 대리점만을 둘러보고 덜컥 구매를 결정하기가 겁이 났던 것이다. 몇 군데를 좀 더 다녀보고 결정해야겠다고 생각하고 대리점 문을 나섰다. 다른 전자 제품 대리점을 방문하려

했지만 너무 멀리 떨어져 있어서 고민했다.

과거에는 전자 제품을 구매하기 위해서는 고객이 직접 삼성, LG, 대우 등 가전 회사 대리점들을 찾아 다녀야 했다. 이러한 불편을 덜어주기 위해 전자 제품 전문점 하이마트는 모든 가전제품 브랜드를 한 곳에 모아 한눈에 비교할 수 있게 했다. 고객은 하이마트를 방문하여 다양한 옵션을 검토하고 최종 결정까지 할 수 있게 되었다. 하이마트는 가전제품의 '정보 수집' 단계를 해결한 좋은 사례다. 고객은 '옵션을 다 봤다'라는 마음이 들지 않으면 구매 결정을 무기한 연기한다. 특히 고가의 제품일수록 그러한 경향이 심한데 그 이유는 '손해 보기 싫어서'다. 충분한 옵션 정보 수집 후 결정해야 최선의 결정을 한 것이라고 믿는다. 최근 백화점의 편집숍이 성장하는 이유도 이러한 '정보 수집' 단계를 해결하고 구매로 연결시키기 위한 움직임이다.

하지만 독자가 유통점이 아니라 전자 제품 제조 기업이라면 '정보 수집'단계 전략이 달라진다. 예를 들어 팬텍에서 핸드폰 판매 전략을 수립한다고 하자. 고객은 핸드폰을 사려고 할 때 머릿속에 검토 옵션을 떠올리게 되는데 만약 '삼성, 엘지, 애플' 핸드폰만 떠오른다면 팬텍은 핸드폰을 판매할 기회조차 없다. 디자인, 성능, 가격이 아무리 좋아도 고객의 정보 수집 대상에서 제외되기 때문에 고객은 알 수가 없다. 팬텍의 경우 CVC에서 가장 취약한 단계가 '정보 수집' 단계다. 따라서 어떻게 해서든 일단 고객의 '검토 옵션'에 들어가는 것이 중요하다. 디자인, 성능, 가격은 다음 문제다. 따라서 꾸준한 미디어 노출 등을 통해 '팬텍 핸드폰'을 고객에게 센뇌시키는 마케팅을 펼쳐야 한다. 이렇듯 '정보 수집' 단계에서는 고객이 '다 봤다'는 느낌을 받고 나서 다음 단계로 넘어간다는 점에 유의하여 적절한 전략을 수행해야 한다.

2008년 포드 유럽Ford Europe은 해치백 스타일의 소형차 Ka의 2세대 버전을 출시했다. 유럽에서 포드의 브랜드 명성은 높았으며 소형차를 구매할 때 대부분의 고객은 포드도 검토했다. 고객 머릿속에 검토 옵션으로 들어가는 '정보 수집' 단계는 성공했던 것이다. 하지만 정작 판매로 연결되는 경우는 많지 않았다. 경쟁 상대에 비해 부족한 점이 있었기 때문이다.

소형차 고객은 검토 옵션을 놓고 비교할 때 주로 가격, 연비, 인테리어에 비중을 높게 두었는데 Ka는 외부 디자인과 엔진에 강점이 있었다. CVC 프레임 관점에서, 포드 Ka는 앞 단계들은 성공적으로 통과했지만 '의사결정' 단계에서 막힌 케이스다. 따라서 포드는 고객의 의사결정에 필요한 속성들과 그에 따른 금액적 가치를 계산했다. 그리고 금액적 가치를 고려하여 개선할 수 있는 사항연비, 인테리어 등을 개선하여 최적화했다. 그 결과 Ka는 비교 경쟁자들을 누르고 고객 결정 단계에서 성공할 수 있었다. CVC 취약 단계의사결정를 정확하게 파악하여 구매까지 매끄럽게 연결한 것이다.

고객은 컴퓨터가 아니다. 그러므로 모든 속성을 검토하지 않는다. 자신이 중요시하는 포인트 몇 가지를 옵션들과 비교하여 결정한다. 이는 각 제품별로 다르고 고객군별로 다르다. '의사결정' 단계에 문제가 있다면 고객 유형을 나누고 각각 중요시하는 포인트를 도출하여 그 포인트들의 비교가 경쟁에서 승리하도록 하는 전략이 필요하다.

1999년 월마트는 영국 소매 유통시장에 진출했다. 월마트는 거대 물량을 기반으로 모든 상품에 대한 저가 공세를 펼쳤다. 당시 대다수의 전문가들은 엄청난 가격 경쟁력을 가지고 있는 월마트가 유통시장을 곧 장악할 것이라고 예상했다. 하지만 테스코의 생각은 달랐다. 테스코는 고객이 모든 상품의 가격을 비교하고 마트를 선택하는 것이 아니라는 것을 알고 있었다. 고객의 '의사결정' 단계에서만 경쟁에서 승리하면 되는 것이었다. 테스코는 고객이 주로 가격을 비교하는 상품들을 조사했다. 고객은 자주 구매하며 가격을 잘 알고 있는 생필품을 마트별로 비교했으며 그러한 상품은 전체의 6%에 불과했다. 테스코는 전략 가격정책을 실시했다. 6% 가격 민감 상품군에 대해서 경쟁사보다 무조건 낮은 가격으로 책정하고 나머지는 비싸게 책정했다. 고객은 테스코의 가격 민감 상품들이 월마트보다 저렴하다는 것을 발견하고는 전체적으로 테스코가 저렴하다고 인식했다. 결국 테스코는 시장점유율에서 월마트를 두 배 이상으로 따돌리며 유통시장 절대 강자로 등극했다.

CVC에서 각 단계별 고객의 사고 체계 및 성공 법칙은 완전히 다르다. 취약 단계를 정확히 파악하고 성공 법칙을 적절히 사용한다면 최적의 판매 전략을 수립할 수 있을 것이다.

일사불란하게
실행하라

내가 기업에 컨설팅을 가면 한결같이 하는 말이 있다. "그거 다 해봤어요. 뭐 새로운 거 없나요?" 다 해봤는데 왜 실패 했을까? 다 해봤지만 목적과 전략을 일치시켜서 정교하게 수행하지 않았기 때문이다. 앞서 살펴보았듯이 레드불은 젊은 유행 선도 고객을 타깃팅하여 브랜드 이미지를 강하게 남기는 전략을 수립했다. 레드불에서 스포츠 대회 광고를 내자고 했을 때, 한국의 대기업이었으면 이렇게 대답했을 것이다. "우리가 광고 여기저기 내봤는데 다 효과 없었습니다." 일반적인 스포츠 대회 스폰서 광고와 젊은 고객을 타깃으로 하는 채널의 자동차경주에 강렬한 느낌의 애드벌룬 광고는 다르지 않은가? 목적과 전략이 일치되어 마케팅 전술로 이어지는 맥락을 이해하지 못하고 표면적 행위에 매달리면 '뻔한' 마케팅을 수행할 수밖에 없다.

전략을 명확히 하라

앞서 시장 및 고객을 분석하였으면 마케팅 전략을 명확히 수립하여 전사가 공유해야 한다. 이를 위해 마케팅 전략을 간결하게 한 문장으로 쉽게 표현하여 직원들의 머릿속에 각인시키는 것이 중요하다. 확고한 전략이 전사적으로 공유되지 않으면 부서별로 손발이 맞지 않고 우왕좌왕하게 되며 유행하는 마케팅 방법을 무작정 시도하게 된다.

독일의 자동차 회사인 포르쉐는 자사의 전략을 전 직원이 공유할 수 있도록 명확히 한 문장으로 정의했다. "스포츠카 브랜드인 포르쉐는 부유하고 사회적 지위가 있는 고객을 타깃으로 하여 고급 디자인과 높은 가격을 내세워 야망있고 파워 넘치도록 느끼게 한다." 포르쉐는 모든 마케팅 활동을 이러한 명확한 전략 아래 일사불란하게 수행하고 있으며 따라서 의사결정 스피드 및 추진력은 어느 회사보다 뛰어나다.

국내 신용카드 기업인 S카드는 2010년, 마케팅 아이디어를 전사적으로 공모하여 수천 가지의 의견을 집대성했다. 하지만 그 중에 실제로 실행한 아이디어는 거의 없었다. 아이디어를 평가할 수 없었기 때문이다. 평가를 하려면 기준이 있어야 하고 그 기준은 마케팅 전략이 지침이 되는데 전략이 뚜렷하지 않았다. 전략과 일치하는 아이디어를 선정하고, 유행하는 마케팅 아이디어라고 해도 전략과 맞지 않으면 과감히 버리는 것이 필요하다. 그 효용성을 수치화하여 우선순위별로 일사불란하게 실행하는 것이 중요한데 그것이 되지 않았다. 또한 전략 방향에 대한 전사 공유가 부족했다. 전사적 전략 공감대가 없으면 마케팅 기획 조직과 실행 조직의 손발이 안 맞고, 마케팅 부서와 영업 부서가 분리되는 현상이 발생한다. 기업의 전 조직에서 전략을 공유하고 공감대를 형성하며 추진력을 갖춰 일사불란하게 수행해야 한다.

전략이 명확하지 않으면 마케팅을 실행할 수 없다. 마케팅을 하면서도 불안하고 "잘하고 있는 것일까?" 계속 걱정한다. 몇 번 시도하다가 금방 성과가 나지 않으면 이내 포기하고 만다. 마케팅 부서에서는 수십 가지 마케팅 방안을 내놓지만 정작 시도하는 것은 거의 없다. 자신이 없기 때문이고 임원을 설득시킬 수 없기 때문이다.

온라인 게임 기업인 하비투스는 뚜렷한 전략을 수립하지 않고 마케팅을 수행하여 실패한 케이스다. 하비투스는 2010년도 자사 게임을 홍보하기 위한 방안을 수립했다. 하비투스의 마케팅 계획의 첫 질문은 "요즘 무엇이 유행이지?"였다. 유행하는 것을 사용하여 안전하게 가자는 의도였다. 당시에는 인터넷 광고가 큰 인기를 얻고 있었다. 따라서 바로 유명 업체를 통해 실행했다. 하지만 인터넷 광고는 하비투스의 주요한 채널이 아니었다. 당시 SNS게임의 주 경로는 앱스토어 인기 게임 리스트 또는 베타테스터 커뮤니티였기 때문이다. 또한 하비투스는 《전자신문》에 지면 광고를 했다. 하지만 신문/잡지와 같은 매스마케팅을 하기에는 당시 안드로이드 버전만 개발되어 있었고 앱스토어 채널도 적었다. 매스마케팅은 채널이 충분할 때 효과적이기 때문에 맞지 않는 방법이었다. 하비투스는 당시 유행하는 문구들과 첨단 그래픽을 사용하여 광고를 제작했지만 결국 모두 실패했다.

사람들이 많이 쓰는 것, 유행하는 것이라고 무조건 좋지는 않다. 타깃팅을 하고 정확한 마케팅 전략 수립이 우선이다. 맹목적인 자세를 버리고 "왜 그럴까?"를 고민하고 기업의 전략에 맞춰서 능동적으로 마케팅 방안을 찾아가야 한다.

종합 스킨케어 기업인 닥터자르트는 마케팅 전략을 수립하고 일사불란하게 추진하여 견고한 성장을 지속하는 기업이다. 대부분의 경쟁사들은 2000년대 들어와 유행하는 파워블로거 및 인터넷 광고에 의존하는 상황이었다. 하지만 닥터자르트는 자사 마케팅 전략인 "젊은 여성들 사이에 화제성을 낸다"에 집중했다. 파워블로거보다는 타깃 고객이 밀집하는 온라인 커뮤니티가 마케팅 전략과 일치했다. 파워블로거의 광고성 긍정 평론을 보고 화제성이 일어나는 경우는 거의 없지만 폐쇄적 커뮤니티에서는 자유롭게 의견을 게시하고 화제를 이어갔다. 닥터자르트는 '여성 시대'와 같은 타깃 고객이 밀집한 인터넷 카페에 집중했다. 자사 제품으로 화제를 유도하고 장점을 부각시켰다. 실제로 이러한 카페에서 입에 오르내린 닥터자르트 제품은 오프라인에서도 불티나게 팔리게 되었다. 이렇듯 닥터자르트는 명확한 전략에 의해 최소 비용으로 최대 효과를 얻었다.

전략적 의도를 분명히 하라

적군과 첨예하게 대립하고 있는 전쟁 상황에서 시간이 갈수록 전세가 아군에 불리한 상황으로 변하고 있었다. 적군의 방어가 너무 강했기 때문이다. 사령관은 적 진지 후방 어느 지점에 폭발을 일으켜 적군의 주의를 그곳으로 돌린 후 정면을 기습하는 작전을 세웠다. 사령관이 부대에 지시를 내린다. "적 진지 후방의 다리를 폭파 시키고 와라." 명령을 받은 소대장은 3일 후 돌아와 말한다. "가봤더니 적 진지 후방에 다리가 없었습니다."

소대장이 이해한 의도는 '다리 폭파'였다. 하지만 사령관의 의도는

'적의 시선을 후방으로 유도하여 병력을 분산시켜라'였다. 적 진지 후방에 다리가 없다면 건물 또는 숲 등을 폭파시켜서 적군의 시선을 끌어야 했다. 단순히 다리를 폭파시키고 오라는 것으로 오해한 소대장은 적의 진지 후방에 다리가 없었기 때문에 아무것도 하지 않고 돌아오게 된다. 이러한 오해로 인해 3일의 시간 및 자원을 허비하고 말았다.

미군 전략 교본의 첫 페이지에 전략적 의도Strategic Intention가 기술되어 있다. 이는 전략과 실행을 일치시키기 위함이다. 실행하는 조직이 전략적 의도를 정확히 알고 수행해야 전략이 성공할 수 있다. 모든 방안에는 실행 항목과 그것을 수행하는 이유인 전략적 의도가 있다. 전략적 의도를 모르고 실행 항목에 열거된 대로만 수행한다면 현장에서 발생하는 미묘한 상황 변화에 적절히 대처할 수 없으며 결국 사업의 성공은 어렵다.

미국의 패션 의류 기업인 아베크롬비앤피치는 고객들이 마음껏 입어볼 수 있는 놀이터 같은 의류 매장을 만드는 전략을 수립했다. 이에 대한 마케팅 전략으로 손님이 옷을 구경할 때 부담 갖지 않게 고객에게 시선을 주지 말라는 방안이 제시되었다. 고객이 '감시당하고 있다'는 느낌을 받지 않고 자유롭게 놀도록 만든 것이다. 실행 방안은 '계산대를 고객 방향이 아닌 다른 곳으로 틀어놓는 것'이었으며 전략적 의도는 "고객에게 부담을 주지 않는 방향으로 점원 시선을 돌려라"였다. 하지만 현장에서 일해 보면 이러한 전략을 모두 수행하는 데는 한계가 있다. 매장 구조, 동선 등의 제약 사항이 있기 때문이다. 하지만 아베크롬비앤피치는 전략 의도를 명확히 하여 추진했다. 불가피하게 계산대를 고객 방향에서 돌리지 못하는 매장의 경우, 계산대 앞 공간에 화분이나 마네킹 등을 놓아 고객이 부담을 갖지 않도록 했다. 전략적 의도가 명확히 전달되어 성공적으로 수행된 사례다.

마케팅은 전략을 표현하는 것이다

전략을 명확히 하고 전략적 의도를 정리했으면 마케팅 4PPromotion, Product, Place, Price 프레임에 맞춰 전술을 설계한다. 세부 마케팅 방안을 수립할 때는 '전략'이라는 나침반을 수시로 확인하며 수행한다.

2003년 첫 오픈한 패밀리레스토랑 애슐리는 확고한 전략에 맞춰진 최적의 마케팅을 수행하여 급성장한 사례다. 애슐리는 '저성장 장기 불황' 및 '작은 사치프리미엄 음식'를 즐기는 트렌드에 기초하여 "가격 민감 유행 여성 고객을 타깃으로 하여 인기 메뉴를 빠르게 도입하여 여성 고객에게 저가로 제공한다"는 전략을 확고히 했다. 이 전략에 맞춰 4P 프레임에 따라 마케팅을 수행했다.

상품Product은 전략을 수행하는 제품을 구성하는 것을 말한다. 대부분의 기업은 핵심 역량에 따라 상품이 고정되어 있는 경우가 많다. 마케팅 방안에서의 상품은 전략을 수행하도록 제품의 변화 방향을 수정하는 것이다. 애슐리의 경우 상품은 메뉴, 매장 구성, 서비스 등이 있었다. 애슐리는 20~30대 여성 고객에게 맞춰 메뉴를 구성하였으며, 중요한 점은 이 고객들을 대상으로 인기 메뉴를 수시로 변경하여 꾸준한 방문을 유도하고 메뉴를 트렌드에 맞게 최적화해 나아간다는 것이다. 애슐리는 인기 메뉴를 가장 빨리 개발하고 실행하기로 업계에서 유명하다. 애슐리는 여성 고객에 맞춰 편안하지만 모던한 매장을 구성하였으며 편하게 지낼 수 있는 서비스를 제공했다. 이러한 애슐리의 메뉴, 매장, 서비스 정책도 마케팅 전략유행에 민감한 여성의 작은 사치 공간과 일치된 제품 구성 방향이었다.

장소Place는 제품이나 서비스가 제공되는 공간을 의미한다. 타깃 고객군이 선정되면 그 고객군이 접근하기 쉬운 곳을 전략적으로 선정한다. 애슐리는 유행과 가격에 민감한 젊은 여성들이 주로 가는 지역을 전략적으로 선정했다. 지하철역 주변이나 중심 상권에 주로 입점하여 타깃 고객의 동선을 확보했다. 일반적으로 뷔페식 패밀리레스토랑이 넓은 공간을 차지하는 것과는 다르게 애슐리는 메뉴를 최적화, 간소화하여 좁은 공간에도 입점할 수 있게 구성했다. 따라서 상점이 밀집해 있는 지하철역 주변의 좁은 빌딩에도 쉽게 입점하여 장소Place 전략 수행을 용이하게 했다. 애슐리는 2013년 150개 이상의 매장으로 초고속 성장하고 있다.

판촉Promotion은 판매를 증진시키는 일련의 활동을 말한다. 전략적으로 타깃 고객에 최적화된 판매 증진 방안을 자유롭게 구성한다. 애슐리는 경쟁사와는 다르게 TV, 잡지 등 매스미디어 광고를 하지 않았다. 대신에 타깃 고객이군 사이에 화제성을 일으키고 입소문을 통해 방문을 유도했다. 그 이유가 무엇일까? 애슐리의 타깃 고객은 유행과 가격에 민감한 젊은 여성이다. 이 고객들은 품질과 가격을 까다롭게 비교하고 신중하게 제품을 선택한다. 하지만 선택한 제품의 장점을 누구보다 먼저 다른 사람들에게 알리고 주변 사람들을 끌어오는 역할도 한다. 즉, 애슐리의 타깃 고객은 매스미디어에 반응하는 고객이 아니라 입소문으로 주변 사람에 의해 반응하는 고객이었던 것이다. 결국 애슐리는 입소문을 타고 '합리적인 고객들이 이용하는 실속형 프리미엄 패밀리레스토랑'이라는 이미지를 구축하며 타깃 고객군 사이에 폭발적으로 성장했다.

가격Price은 타깃 고객에게 제시하는 최적의 가격을 말한다. 가격 전략은 산업 주기, 고객군에 따라 다르게 적용한다. 또한 전략 의도에 따라 완전히 달라진다. 애슐리는 초기 고객 조사를 통한 적정가격 도출과 가격 변경에 따른 민감도 반응 분석을 통해 최적 가격을 도출했다. 또한 고객군 별 상품을 달리하여 다양한 가격 라인업을 구성했다. 가격은 단순해 보이지만 매우 중요하다. 가격 전략은 뒤에서 조금 더 자세히 언급하도록 하겠다.

다시 한 번 언급하지만 마케팅 4P 방안은 어떠한 경우에도 전략과 일치해야 한다. 전략과 일치하지 않은 마케팅 수행은 실패로 가는 지름길이다.

[case 분석] 마케팅 4P 수행 예시

글로벌 스포츠 기업인 A사는 기능성 러닝화 전문 제조/유통 기업이다. A사는 매출 정체 및 성장 동력의 부재로 나에게 도움을 요청 했고, 산업전략 수립에 대한 프로젝트를 수행했다.

스포츠 브랜드는 현재 나이키, 아디다스를 양웅兩雄으로 시장이 편성되어있으며 뉴발란스 코리아가 무서운 속도로 규모를 키워 나이키, 아디다스와 어깨를 나란히 하고 있다. 이렇게 스포츠 시장이 성숙되어 있었고 A사는 성장 동력을 점점 잃고 있는 상황이었다. A사는 중장기적으로 사업을 영위하기 위한 새로운 성장 시장을 발굴해야 했다.

인구의 고령화, 여성의 사회적 참여 증대, 1인 가구의 증가, 레저 생활 증가, 아웃도어 활동의 증가라는 사회적 현상에 맞물려 사람들은 웰빙/건강 및 레저스포츠가 새로운 트렌드로 자리 잡았다. 관련된 스포츠 시장에서 아웃도어와 워킹화 시장은 급속한 성장을 보였다. 아웃도어 성장 시장에서 노스페이스는 정판율 90%를 넘기며 없어서 못 파는 지경에 이르렀고, 프로스펙스는 어려운 상황에서 워킹화라는 성장 시장에서 W라인으로 큰 성공을 거두었다.

과거의 트렌드가 '걷기 열풍'이었다면 2014년부터는 '뛰기 열풍'이 새로운 트렌드가 되었다. 아웃도어, 워킹과 함께 찾아온 트렌드는 바로 러닝Running 이었다.

러닝 시장은 나이키가 휴먼 레이스라는 이름으로 10km단거리 마라톤 대회를 개최하면서 시작 되었다. 기존의 전통적 전국 5대 마라톤 대회이하 전문 러닝 시장이라 하겠다의 참가자는 줄어드는 상황에서도 나이키나 뉴발란스에서 개최하는 서울 근교의 단거리 마라톤 대회는 매회

성황리에 개최 되었으며, 수만 명이 참가하는 일종의 문화로 자리 잡게 되었다. 나는 이러한 패션 러닝 시장을 규정 하였고, 소비자에게 기능을 인지시키면서 그들이 원하는 패션 콘셉트의 러닝화를 제공해야 한다는 결론을 얻었다.

패션 러닝의 타깃 고객은 뛰는 자기 관리 여성으로, 아름다운 몸매 유지와 건강을 위해서 러닝을 선택 했다. 뛰는 자기 관리 여성은 아무리 스타일리쉬하게 제작해도 큰 부피와 무거운 디자인인 아웃도어 제품들을 입고 등산을 하기 싫어했고, 워킹화를 신고 천변을 한가로이 거니는 것도 싫어했다.

그들은 타이트한 기능성 의류에 팔에는 MP3를 차고 화려한 색감의 러닝화를 신고 한강변을 달리고 싶었다. 패션을 뽐내며 운동까지 되는 일석이조의 효과를 거둘 수 있기 때문이다.

하지만 당시 러닝 시장에 참여한 기업들은 타깃 고객의 니즈를 완벽히 충족시키는 못했다. 나이키의 루나글라이드, 리복의 직텍을 러닝을 위해 구매하는 고객은 매우 적었고, 청바지나 면바지에 코디하기 위해 구매하는 고객군이 훨씬 많았다. 즉, 나이키와 아디다스는 패션에 가까운 스포츠 브랜드로 포지셔닝 되어 있었다. 반면 아식스는 기록 향상을 위한 전문 러닝으로 포지셔닝 되어 있었다. (기업의 브랜드 포지셔닝은 쉽게 이동하거나 확장할 수 없다. 브랜드의 핵심 역량 및 핵심 고객을 저버릴 수 없기 때문이다.)

결국 고객은 나이키 휴먼레이스나 뉴발란스 뉴레이스에 참가하기 위해 할 수 없이 패션에 가까운 나이키, 아디다스, 뉴발란스의 러닝화 제품을 구매해 신을 수밖에 없었다. 브랜드 입장에서도 서로의 분야에서 수천억 원의 매출을 올리고 있었기 때문에 패션 러닝 시장이 탐나기는 하지만 누구하나 그 시장으로 진입할 엄두를 내지 못하고 있었다.

나는 과거 '워킹화' 시장 창출과 유사하게 A기업에게 '패션 러닝'이라는 새로운 시장을 열 것을 제시했고 그에 맞는 정교한 타깃을 설정하여 폭발적으로 성장해 시장의 고릴라가 될 것을 권고했다. 이에 대한 마케팅 4P에 대한 개략적 방안을 소개한다.

장소Place는 폐쇄적인 네트워크가 형성되어 마케팅 효과가 크게 나타나는 지역이면서, 스포츠 브랜드의 단거리 마라톤이 주로 개최되는 서울에서 대중교통으로 움직일 수 있는 곳이어야 했다. 물론, 많은 돈을 투자할 수 없는 기업의 상황 상 현재 오프라인 매장이 존재하는 곳을 선정해야 했다. 이렇게 해서 오프라인은 부천, 온라인은 여성 패션 카페를 각각 선정했다.

장소에는 상권의 개념 이외에 매장 내부를 구성하는 것도 포함되어 있다. 패션 러닝 전문 매장 인테리어는 자기 관리 여성의 성향에 정확히 맞추게 구성할 것을 권했다. 자기 관리 여성은 경제력이 있지만 똑똑한 소비를 하고 싶어 하는 고객군으로, 매장 인테리어는 고급스런 느낌을 낼 수 있게 구성하되 실제 제품은 저렴하다고 인지되는 가격대로 구성했다. 이는 요즘 세계적인 트렌드인 프루걸 시크Frugal chic의

메가 트렌드에 편승한 것과 일맥상통한다.

상품Product은 뛰는 자기 관리 여성이 원하는 전문 러닝 기능과 패션이 조화된 러닝화다. 독자가 패션 쪽에 관심이 있다면, "기능과 패션이 조화된 러닝화가 시장에 없는가?"라는 의문을 가질 수 있다. 물론 있을 수도 있다.

나이키의 루나글라이드가 대표적인 예다. 하지만 현재 소비자들은 루나글라이드를 러닝 목적이 아닌 패션 목적으로 구매하고 있다. 대부분의 고객들은 패션으로 신는 신발을 운동용으로 사용하지 않는다. 소비자는 강남 한복판에서 신던 루나글라이드를 신고 러닝하고 싶어 하지 않는다. 뛰는 자기 관리 여성들은 러닝화로서의 기능을 보고 루나글라이드를 신는 것이 아니라, 구매할 패션 러닝화가 없기 때문에 차선책으로 루나글라이드를 신고 뛰고 있다.

프로모션Promotion에 필요한 채널 설정을 위해 타깃 고객의 동선을 파악할 필요가 있었다. 제일 먼저 뛰는 자기 관리 여성은 건강관리를 위해 1주일에 두 번 이상 사람들이 적당히 모이는 곳에서 러닝을 한다는 사실을 발견했다.

나는 한강 시민공원 반포지구에서 러닝 클래스를 진행하고, 한강변을 뛰는 단거리 마라톤 대회를 개최할 것을 권했다. 또 뛰는 자기 관리 여성은 건강에 좋은 디저트를 즐겨 먹으며 지인들과 수다를 떠는 것을 즐기기 때문에 현대백화점 본점의 식품관, 갤러리아 압구정점의 고메494, 이태원의 경리단길을 즐겨 찾고 있음을 발견했다. 그곳에서 A브랜드가 패션 러닝의 전문 브랜드임을 인지시키는 일련의 작업들을 진행할 것도 함께 권했다. 어울리지 않는 디저트 브랜드들의 밀집 장소에 마케팅 활동을 펼침으로 타깃 고객들의 인지awareness를 자극하여 구매를 유도할 수 있게 하였다.

가격Price은 8만 원~11만 원을 제시했다. 타깃 고객의 컨조인트 분석 수행 시, 러닝화의 가격을 5만 원, 10만 원, 20만 원으로 정하여 카드를 설계 했다. 타깃 고객 그룹은 합리적인 가격대로 제품을 구매하고 싶어 하는 전형적인 스니저의 모습을 보이고 있었다. 10만 원 러닝화의 선호도가 매우 높았고, 5만 원 러닝화의 선호도는 약간 높았고, 20만 원 러닝화의 선호도는 매우 낮았다. 이는 PSM을 통해서 더 정확하게 볼 수 있었는데, PSM을 통한 최적가격은 9만 5000원 이라는 대답을 주었다.

가격은
경영의 반이다

흔히 경영의 반은 가격이라고 한다. 가격은 작은 차이라 할지라도 전체 성과에 미치는 영향이 강력하다. 따라서 가격정책은 좀더 세밀하게 접근할 필요가 있다. 앞서 살펴본 산업수명주기시장와 제품수용주기소비자에 따른 경영 법칙이 가격전략에도 그대로 적용된다.

시장 관점의 가격 전략 법칙

2007년 애플의 스티브 잡스는 아이폰의 가격을 599달러에서 399달러로 인하했다. 이는 애플 마니아들을 자극했으며 엄청난 항의에 시달려야 했다. 이러한 비난을 감수하면서 굳이 가격을 대폭 인하한 이유는 무엇일까?

기업은 사업 전략이 있으며 가격 전략은 이에 맞춰 수립된다. 주로 산업수명주기에 따른 전략으로 설명할 수 있는데, 시장이 산업수명주기상 도입기에 있을 때는 브랜딩과 수익성 확보가 중요하다. 따라서 이때는 저가보다는 고가 정책을 펴서 이때 반응하는 일부 고객으로부터 현금을 확보하는 스키밍Skimming, 즉 초기 고가 전략을 (더불어 프리미엄 브랜드 구축을) 전개해야 한다. 성장기에 있는 경우에는 시장점유율을 확대하여 시장의 강자가 되는 것이 중요하다. 따라서 상대적 저가 정책을 펴서 캐즘을 넘고 시장점유율을 늘려야 한다. 성숙기에 오면 시장점유율과 수익성이 모두 중요하다. 따라서 매출을 높이는 것이 필요하다. 이때는 매출을 극대화할 수 있는 가격에 맞춰야 한다. 그리고 쇠퇴기에 오게 되면 수익성 위주로 높은 가격을 설정하여 현금을 확보해야 한다.

애플은 산업수명주기에 따라 가격 전략을 적절히 구사했다. 아이폰 출시 초기에는 599달러라는 고가를 책정하여 도입기에서 얼리어답터로부터 매출을 증대시키고 프리미엄 브랜드를 구축했다. 이후 성장기로 진입하기 위해 399달러로 가격을 낮추며 캐즘을 돌파했다. 아이폰은 빠르게 시장을 장악했으며 스마트폰의 대중화를 가져왔다. 이후 나오는 아이폰 버전에서는 매출을 극대화하는 가격대를 국가별로 책정하는 성숙기 전략을 구사했다. 이렇듯 시장의 성장기별로 목적이 다르고 가격 전략이 다르다.

최대한 돈을 내게 한다

대부분의 시장은 성숙기가 가장 많다. 따라서 많은 기업들이 매출을 극대화하는 가격정책을 사용한다. 그렇다면 매출 극대화를 목표로 했을 때, 최적 가격 전략은 무엇일까? 가격 전략의 요지는 '돈을 낼 의향이 있는 만큼 돈을 내게 하여' 금액 총합을 높이는 것이다. 하지만 '돈을 낼 의향' 정도를 어떻게 판단하고 고객별로 어떻게 '다른 가격'을 제시할 수 있을까? 이를 위해 제품수용주기상에서 소비자 유형을 나누고 각 유형별 최적 가격을 찾아 차별적으로 적용하는 전략을 써야 한다. 가치 추구자의 경우 가격에 둔감하기 때문에 높은 가격을 제시하여야 하고, 유행에 민감한 일반 대중은 가격에 가장 민감하기 때문에 저가로 유인한다. 보수적 일반 대중은 적당한 가격이 필요하기 때문에 중간 가격을 제시한다.

그러면 각 유형별 최적 가격은 어떻게 찾을 수 있을까?

싸다고 잘 팔릴까?

스킨케어 기업 C는 기존의 3만 원이 넘는 비비크림 시장에 1만

5000원대의 새로운 비비크림을 출시하여 큰 매출을 일으켰다. 가격 할인의 위력을 깨닫고 이듬해 5000원대의 초저가 비비크림 신제품을 출시했다. 하지만 초저가 비비크림은 시장에서 거의 팔리지 않았다. 그 이유는 무엇일까?

계속되는 경제 불황 속에서도 루이비통, 구찌, 페라가모와 같은 고가 명품 시장이 성장하고 있다. 에르메스 핸드백은 1000만 원이 넘는 초고가 임에도 불구하고 없어서 못 팔고 있는 상황이다. 가격이 높으면 높을수록 잘 팔리는 현상도 나타난다. 그 이유는 무엇일까?

소비자는 마음속에 자신이 생각하는 최적 가격이 있다. 제품의 가치보다 가격이 낮으면 만족하지만, 너무 낮은 경우 (가격이 품질을 나타내는 원리에 의해) 품질이 나쁘다고 판단한다. 대신 가격이 높으면 부담스럽지만 품질이 높을 것으로 판단하며 사치재의 용도로 구매한다.

최적 가격을 결정하는 방법에는 네 가지가 있다. 첫째, 원가 기준 가격정책 둘째, 경쟁에 기반한 가격정책 셋째, 고객이 선호하는 가격, 마지막으로 민감도 가격정책이다. 이들 중 가장 적합한 가격정책은 민감도 가격정책이다. 민감도 가격정책은 가격의 변화에 따른 소비자의 제품 선택의 변화를 파악하는 것이다. 가격대별 시장점유율, 매출, 수익성을 예측하여 전략적으로 최선의 가격을 정한다.

대부분 기업에서는 경쟁사와 비슷한 가격을 내거나 원가를 고려하여 또는 다수의 고객 설문 조사 및 인터뷰를 진행한다. 하지만 설문이나 인터뷰로 정확한 가격을 알아내기란 매우 어려운 일이며, 경쟁사

조사를 통해 가격을 책정하는 것이 실제 고객이 원하는 가격이라고 단정 짓기도 어렵다.

뉴발란스는 새로운 제품을 출시하기 이전에 다수의 소비자를 대상으로 설문 조사를 했다. 대부분 소비자는 새로운 제품이 너무 비싸 구매가 꺼려진다고 했다. 하지만 나는 해당 제품 출시를 강행할 것을 권했다. 이렇게 출시된 뉴발란스 운동화 574는 국내에서 색상 별로 10만 족이 넘게 팔렸다. 어째서 이러한 현상이 발생했을까? 고객은 '자신이 선호하는 가격'을 모른다.

최적 가격을 찾는 것은 모든 경영자들의 고민이다. 최적 가격은 가설-검증의 로직 프레임을 활용해 '과학적'으로 찾아야 한다. 일반적인 마케팅 방안이 직관적이고 경험 위주인 반면, 확률, 가격 등 가치 지수는 계산통계학을 이용한다. 이를 위해 가장 널리 쓰이는 방식이 PSM Price Sensitivity Meter, 가격 민감도과 컨조인트 분석이다. PSM은 너무 싸서 불안하다고 느껴지는 가격은 얼마인가?IDP, 싸다고 느껴지기 시작하는 가격은 얼마 이하부터인가?PMC, 비싸다고 느껴지기 시작하는 가격은 얼마 이상부터인가?PME, 비싸서 살 마음이 생기지 않는다고 느껴지는 가격은 얼마 이상부터인가?PS를 찾고 PMC, PME의 교차점을 최적 가격으로 정하는 방식이다. 컨조인트 분석은 어떤 제품 또는 서비스가 갖고 있는 속성 하나하나에 고객이 부여하는 가치효용를 추정함으로써, 그 고객이 어떤 제품을 선택할지를 예측하는 기법이다.

미국 NBA 소속 농구팀인 포틀랜드 트레일 블레이저스는 PSM과 컨조인트 분석을 통해 최적 티켓 가격과 패키지 상품을 찾아내어 성공을 거둔 사례다. 트레일 블레이저스는 소비자에게 일반적인 티켓의 가격을 PSM 조사를 통해 민감도를 구했다. 또한 패키지 구성라이벌 매치, 좌석 위치, 쿠폰 등 조합의 컨조인트 분석을 실시하여 선호 패키지를 찾아냈다. 기존에 일괄적으로 20달러 받던 티켓을 결국 수익성이 높은 최적 패키지6게임, 중간 좌석, 스낵, 플레이오프 우선권를 구성하여 최적 가격210달러을 제시했다. 이러한 정책은 대성공을 거두었고, 이는 가격 전략만을 수행하여 수익성이 급성장한 사례다.

[그림7] 최적 가격을 도출하기 위한 PSM 방법론

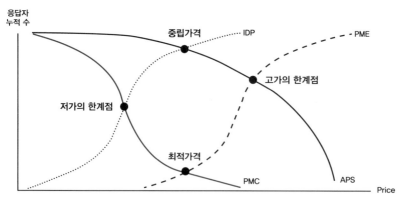

- **저가의 한계점:** "너무싸다(IDP)"와 "비싸지 않다(PMC)"의 선이 교차하는 점
- **고가의 한계점:** "너무 비싸다(PS)" 와 "비싸다(PME)" 의 선이 교차하는 점
- **중립가격:** "너무 비싸다(PS)" 와 "너무 싸다(IDP)"의 선이
  교차하는 점(=비싸다고 답한 응답자와 비싸지 않다고 답한 응답자 수가 동일한 지점)
- **최적 가격(OPP : Optimal Price Point):** "비싸지 않다(PMC)" 와 "비싸다(PME)" 의 선이 교차하는 점
- **수용 가격대(RAP : Range of Acceptable Price):** 소비자가 수용할 수 있는 가격의 범위

가격이 싸게 보이는 전술적 방안도 있다. 그 중 하나가 골디락스 가격 전략인데 가격이 아주 비싼 상품과 싼 상품, 중간 가격의 상품을 함께 진열하여 소비자가 중간 가격 상품을 선택하도록 유도하는 전략이다. 골디락스는 영국의 전래 동화 『골디락스와 곰 세 마리Goldilocks and the three bears』에 등장하는 소녀의 이름에서 나온 용어인데 동화에서 골디락스는 곰이 끓인 세 가지의 수프, 뜨거운 것과 차가운 것, 적당한 것 중에서 적당한 것을 먹고 기뻐하는 데서 유래했다.

패션 의류 기업인 라코스테는 원색의 PK셔츠로 국내에서 급성장했다. 라코스테는 전략적으로 11만 원대 PK셔츠를 히트 상품으로 성공시킬 방안을 구상했다. 라코스테는 셔츠 가격을 14만 원대, 11만 원대, 8만 원대로 설정했다. 라코스테의 주 고객인 보수적 대중 고객은 가장 무난한 11만 원대의 셔츠를 가장 많이 선택했다. 이는 골디락스 가격을 잘 활용하여 성공시킨 사례다.

골디락스 가격 전략은 키 큰 사람 옆에 서면 키가 작아 보이고, 키 작은 사람 옆에 서면 키가 커 보이는 것처럼 단순한 원리이다. 대부분 소비자는 제품이 주는 가치 및 적정가격을 모른다. 최초 가격 및 비교 제품 가격과 비교하여 가격을 판단할 뿐이다.

타당한 가격Fairness

할인은 언제나 강력할까? 그렇지 않다. 소비자는 가격이 저렴하면 품질이 낮다고 생각한다. 따라서 '가격은 저렴하지만 품질이 높다'는 것을 전달해야 한다. 이를 위해 가격이 저렴한 이유를 설명할 수 있는 타당한 가격을 찾아야 한다.

최근 쿠팡의 W호텔 레스토랑 50% 할인, 티켓몬스터의 구찌 지갑 40% 할인, 위메프의 노트북 20% 할인 등 소셜커머스가 급성장하고 있다. 소셜커머스는 타당한 가격을 정확히 설명한다. "우리가 싼 이유는 제품에 하자가 있어서가 아니라 함께 모여서 싸진 것이다." 따라서 소비자는 저렴한 가격에 품질 좋은 제품을 구매했다고 믿는다.

타당한 가격은 브랜드의 가치를 하락시키는 '디브랜딩'을 방지한다. 소셜커머스라는 특정한 채널은 합리적인 소수에게만 노출되어 있다는 점을 이용해 디브랜딩을 막을 수 있다.

백화점에서는 할인 행사를 하기 전에 언제나 '핑계'를 만들어낸다. 고객 사은 행사, 계절 맞이, 설 특집 등. 백화점은 거의 1년 내내 할인 행사를 하지만 모두다 '핑계'가 있다. 그렇지 않으면 소비자는 의심한다. "할인해 주는 이유가 뭐지? 분명 제품에 문제가 있을 거야." 실제로 길거리에서 상시 할인 판매하는 할인점을 가면 백화점과 똑같은 가격에 똑같은 제품을 판매하고 있지만 소비자는 구매하지 않는다. 소비자 인식의 차이다. 할인 행사를 할 때 타당한 가격을 설명하지 않으면 할인의 효과는 반감된다.

타당한 가격을 명확히 하고 할인을 진행한 대표적인 사례들이 바로 '할인데이'를 정한 것이다. 미샤는 미샤데이를 정해 매월 10일에 20% 할인해주는 행사를 진행하고 토니모리의 프렌즈데이는 매월 금요일이며 최대 40% 할인 혜택을 준다. 비슷한 사례를 외식 사업에서도 볼 수 있는데, 미스터피자는 매월 7일에 피자를 주문하는 여성 고객을 대상으로 20% 할인을 진행하고 VIPS는 매월 마지막 주 화요일 슈퍼맨즈 데이를 지정해서 스테이크를 주문하는 남성 고객에게 와인 한 병을 무료로 제공하고 있다. 이 역시 할인의 당위성을 설명하는 타당한 가격을 확보하기 위함이다.

가격 장벽Rate Fence

할인을 누구에게나 해줄 수는 없다. 앞서 언급한대로 소비자의 유형별로 가격을 다르게 제시해야 한다. 할인에 민감한 소비자에게만 할인을 해줘야 한다. 가격 전략을 세울 때는 카니발리제이션Cannibalization을 고려해야 한다. 자기잠식이라고 하는 카니발 효과는 '식인 풍습'을 뜻하는 'cannibal'이라는 단어에서 유래한 용어다. 식인종이 자기 종족을 잡아먹듯이 기업이 도입한 프로모션이나 신제품 때문에 기존 사업영역을 갉아먹는 현상을 말한다.

2000년대 들어와 온라인 보험은 매년 급성장을 거듭하고 있다. 하지만 삼성, LIG 등 거대 보험사는 온라인 보험 진출에 소극적인데 그 이유가 무엇일까? 온라인 보험의 수익성이 낮기 때문이다. 온라인 보험이 늘어나면 온라인 매출이 늘기는 하지만 애꿎은 오프라인 보험 고객이 온라인 보험으로 갈아탈 수 있다. 결과적으로 수익성에 타격을 입는 자기잠식이 발생하게 된다. 따라서 거대 보험사들은 꼭 필요한 온라인 고객만 최소한도로 모집하는 소극적 마케팅을 펼치게 된다.

자기잠식 사례는 여러 산업에서 볼 수 있다. 코닥은 후지의 값싼 필름 공세에 펀타임이라는 저가의 필름을 시장에 내놓았지만, 고가의 필름을 구매할 여력이 있는 코닥의 충성 고객들이 저렴한 필름을 구매하며 수익성에 큰 타격을 입었다. 코닥은 잘못된 마케팅으로 매출, 이익, 시장점유율 하락이라는 결과를 남겼다.

가격 전략의 최대 목표는 자기잠식을 최소화하고 "소비자가 지불할 수 있는 최대한 금액을 내도록 하는 것"인데, 이것이 가능할까? 오래전에는 제품에 권장 소비자 가격을 표기하도록 되어있었다. 하지만 현대에는 이러한 가격 정보 표기가 사라졌다. 그 이유는 소비자마다 가격을 다르게 책정하기 위해서이다.

만약 어떤 소비자가 혼자만 높은 가격을 지불했다는 것을 안다면 거세게 항의할 것이다. 따라서 그 소비자가 '높은 가격을 지불한다는 사실을 모르게' 할 필요가 있다. 또한 낮은 가격을 지불하는 소비자에게는 '그 사실을 남들에게 전달하지 못하도록' 해야 한다. 소비자들 사이에 서로 지불하는 가격 정보를 차단하는 벽이 필요한데 이를 가격 장벽Rate Fence이라고 한다.

글로벌 패션 의류 기업인 바나나리퍼블릭은 할인 이월 제품을 매장의 가장 깊숙한 곳에 숨겨놓는다. 그 이유가 무엇일까? 보통의 경제력 있는 소비자는 매장 앞쪽에 있는 신상품 및 고가 상품을 입어보고 구매한다. 할인 제품은 미처 못 보는 경우가 많다. 하지만 할인에 민감하고 저가를 선호하는 소비자는 매장 구석의 할인 제품을 어떻게 해서든 찾아내고야 만다. 만약 할인 제품을 앞쪽에 배치했다면 경제력 있는 소비자가 할인 제품을 구매하게 되어 '더 큰 가격을 지불할 기회를 놓치게' 된다. 매장 깊숙이 할인 제품을 숨겨놓는 행위가 가격 장벽을 구축한 것이라고 할 수 있다.

대부분의 온라인 쇼핑몰에서는 가격 비교 사이트에서 들어온 소비자에게는 가격을 조금 더 저렴하게 제시하는 프로그램을 가동시킨다. 이는 무엇을 의미할까? 가격 경쟁력이 중요한 가격 비교 사이트 경쟁에서 승리하기 위한 것이다. 하지만 쇼핑몰에 바로 들어온 소비자에 대해서는 굳이 낮은 가격으로 판매할 필요가 없다. 따라서 높은 가격을 제시한다. 고객별로 가격 장벽을 치고 최적 가격을 정확히 제시하고자 한 것이다.

타당한 가격과 가격 장벽의 결합

타당한 가격과 가격 장벽은 언제나 함께 고려해야 한다. 가격 장벽을 통해 차별적 가격을 적용한다면 그 이유를 설명하는 타당한 가격을 꼭 만들어야 한다.

아울렛에서는 80~90%까지 할인하는 제품들을 볼 수 있다. 아울렛은 주로 도심에서 멀리 떨어진 교외 지역에 위치해 있다. 어째서일까? 첫째, '아울렛 제품은 품질에 문제가 없는 과잉생산 제품으로 실제로 공장과 근접해 있다'는 신호로써 타당한 가격을 설명하기 위함이며, 둘째, '멀리서 교외까지 오는 할인 민감형 소비자에게만 저가로 판매하고자' 하는 가격 장벽의 용도다.

자동차보험 산업의 경우 온라인 다이렉트 보험 고객과 오프라인 보험 고객의 보험료가 다르다. 온라인 시장은 온/오프 가격 장벽이 명확히 설정되어 있다. 기업에서는 온라인 시장에서 가격 경쟁력을 높이기 위해 온라인에서만 저가로 보험을 제공해야 했다. 똑같은 약관 및 서비스 조건에서도 오프라인보다 보험료를 높이 받는 이유를 '전담 보험 담당자가 있다'라는 타당한 가격을 설정했다. 실제로 서비스 이용 시 품질에는 큰 차이가 없다. 가격 전략의 일환일 뿐이다.

해외 온라인 쇼핑몰 길트Gilt는 명품을 제조업체로부터 직접 구매하여 정상 상품을 40~70% 할인 판매한다. 고가의 명품을 저렴하게 구매하고 싶었던 가격 민감 소비자들은 높은 할인에 열광했다. 하지만 저렴한 이유타당한 가격를 어떻게 설명할 것이며, 명품 브랜드들이 걱정하는 자기잠식 방지가격 장벽를 어떻게 할 것인가? 길트는 '가입자의 추천을 받아야만 회원으로 가입'할 수 있도록 하여 가격 장벽을 명확히 했다. 그리고 명품 브랜드들의 판매 동의를 얻어냈으며 '할인은 2일을 넘기지 않는다'는 타당한 이유를 만들었다. 그 결과 길트는 가격 민감 명품족에게 폭발적인 반응을 불러 일으켰고 창립 2년 만에 일 매출 10억 원을 달성했다.

가격 전략은 사업 전략의 한 부분이다. 거시적으로 사업 방향을 정하고 가격 전략의 목표를 설정하였으면 고객 유형별 최적 가격을 도출한다. 그 가격이 온전히 적용되도록 타당한 가격과 가격 장벽 방안을 마련해 수행하도록 한다.

에필로그

    현 시대에는 경영 전략 및 마케팅 서적이 넘쳐나는 반면, 정석대로 사업을 수행하여 성공했다는 경영인을 찾아보기 어렵다. 그 이유는 급변하는 현대 경영 환경에서 시간이 오래 지난 경영 기법은 괴리가 있으며, 경영의 원리를 모르는 상태에서 현실을 고려하지 않고 교과서대로만 실행한 탓이다. 사업을 성공시키는 데 있어서 '개인 역량'의 비중은 갈수록 줄어들고 있다. 자본과 정보의 역할이 커지기 때문이다. 하지만 성공 비결은 언제나 존재한다. 그 비결은 과거에 기계처럼 열심히 일하는 하드 워크Hard work가 아닌 인간만이 할 수 있는 브레인 워크Brain work다. 나는 현대 경영 환경 하에서 최선의 효과를 내는 방안을 설명하고 싶었다.

비즈니스의 세계는 살얼음판을 걷는 냉혹한 전쟁터다. 원형 강의실에 앉아 두꺼운 중급 경영학 원서를 뒤적이며 정답을 찾는 학생의 자세로는 곤란하다. 대부분 현실의 비즈니스 세계에서 실패를 경험하고 '이론은 이론일 뿐'이라며 경영 지식을 모두 던져버리고 경험과 직관에 의해서만 사업을 운영하거나 리더의 지시에 의해서 수동적으로 일을 수행하며 생각하는 법을 잊어버리기도 한다.

이 책에서는 10여 년에 걸친 경영 컨설팅 경험에 기초하여 실제로 돈을 벌 수 있는 경영의 진리를 전달하고자 했다. 탁상공론이 아닌 현실에서 실행한 경험이 생생히 살아있는 실질적인 방법만을 기술했다. 독자의 현재 상황에 모두 적용할 수는 없겠지만 원리와 사례를 꾸준히 곱씹으며 문제 해결을 위해 노력한다면 결국 큰 성과를 거둘 수 있을 것이다.

"젊은 사람들은 머리가 잘 돌아가니 문제 해결이 쉬울 것이다." 또는 "나이 많은 사람들은 경험과 연륜이 있으니 문제 해결을 잘 할 것이다"는 말들은 모두 불필요한 틀에 갇혀있는 발언으로써 문제 해결에 도움이 되지 않는다. 『삼국지』의 제갈량은 27세의 젊은 나이에 47세의 유비에게 삼고초려의 예우를 받으며 유비군의 총사령관이 되었으며, 강태공은 80세의 나이에 문왕의 책사로 등용되어 주나라를 통일 하였다. 문제 해결을 위해서는 모든 껍데기를 벗어버리고 문제 해결에만 집중하여 논리와 이성으로만 대화해야 한다.

『브레인 워크』에서는 크게 시장과 고객으로 나눠 문제 해결에 접근하는 방법을 제시했는데, 독자별로 해석의 차이가 있을 것이다. 따라서 내포된 의미에 집중하고 재해석하는 것이 좋다. 경영 관련 툴들이 많은데 책의 수준을 고려하여 일정 선에서 선택할 필요가 있었다. 이 책은 전략, 기획, 마케팅 분야에서 성과를 내는 데 필요한 방법론들을 주로 선택했다. 방대한 분야를 담으려고 노력했기 때문에 주제가 많지만 각 장의 요점들 중 관심 있는 부분에 중점을 두면 될 것이다.

1부 시장 변화에 민감하라

성공하고 싶다면 시장의
성공 법칙을 지켜라

`Chapter1` 도입기의 성공 법칙 – 혁신하지 마라

캐즘을 넘는 네 가지 조건

1. 시장이 무르익을 때를 기다려라.

2. 대체재 또는 보완재로써의 가치를 증명하라.

3. 장애를 제거하고 완전완비제품을 구성하라.

4. 대중의 폭발이 일어나도록 임계 규모를 넘어서라.

도입기의 성공 법칙 1 – 시장이 녹을 때를 기다려라

도입기에는 자원을 소모하지 말고 기다려야 한다. 적절한 시기가 오면 성장기에 접어들 것이고 그때 자원을 투입해도 늦지 않다. 도입기에는 수익성 위주로 브랜드를 구축하고 노하우를 쌓아 진입 장벽을 높여야 한다.

도입기의 성공 법칙 2 - 갈아탈 만한 상대일까?

소비자의 선택을 바꾸기 위해서는 기존의 제품보다 '1.5배 이상' 높은 가치를 제공해야 한다. 신제품이 대체재 또는 보완재로써의 역할을 할 수 있을 지에 대한 판단은 혁신방법론을 적용하여 분석하는 것이 좋다. 혁신방법론은 근본 문제 정의, 지표 도출 및 방안, 장벽 정의, 고객 해결 방안 분석, 혁신 해결 방안 도출 등 다섯 가지 단계에 걸쳐 수행한다.

1. 근본 문제 정의: 표면적 고객 행동이 아닌 니즈를 가져오게 된 본질적 원인 도출

2. 지표 도출 및 방안 : 근본 문제를 속성별로 지수화하고 목표 수치 도출

3. 장벽 정의: 본질적 문제 해결을 방해하는 장벽 분석

4. 고객 해결 방안 분석: 고객이 장벽을 해결할 수 있는 방안 분석

5. 혁신 해결 방안 도출: 근본 문제를 해결하는 혁신 방안 도출

도입기의 성공 법칙 3 - 고객 톱니바퀴를 만들어라

완전완비제품이 시장에 나오는 경우 그동안 시장에서 반응하지 않았던 대중 고객군이 반응하기 시작한다. 그 중 가장 빨리 반응하며 어떤 유행을 전파시키는 매개체 고객군을 스니저라고 한다. 이 스니저 고객군은 품질과 가격에 매우 엄격하고 합리적인 구매 성향을 보인다. 스니저 고객군이 반응하면 이를 추종하는 일반 대중들은 그들을 믿고 연쇄 구매를 일으킨다. 이것이 캐즘을 넘는 성장 시장의 시작이다.

도입기의 성공 법칙 4 - 물은 적을수록 빨리 끓는다

캐즘을 넘을 수 있는 임계질량critical mass을 채워라. 성장 시장에 돌입하기 위해서는 크리티컬 매스를 넘어야 한다. 크리티컬 매스는 유행을 선도하는 스니저 고객군의 소수 그룹 크기와 같다. 이때는 일시적으로 고객 수를 늘리고 가격을

낮추는 선순환 진입 전략이 필요하다.

Chapter2 성장기의 성공 법칙 - 차별화 하지 마라

성장기의 성공 법칙 1 - 무조건 따라하라

성장 시장을 인지했다면 그 안에 내재된 거대 니즈에 대해서는 의심하지 말고 성장 제품을 모방하는 것이 최선의 전략이다. 성장 시장에서 중요한 점은 똑같은 제품을 얼마나 많은 대중에게 얼마나 빠르고 저렴하게 공급하느냐이다. 차별화나 제품의 개선보다는 공급력 강화에 자원을 쏟는 전략이 필요하다.

성장기의 성공 법칙 2 - 고객의 요구를 무시하라

도입기 또는 성숙기의 시장에서는 고객의 세밀한 요구에 대응하여 최적 제품을 전달하는 것이 중요하다. 수요자는 경험이 없고 선택 옵션도 많지 않다. 성장기는 공급자 중심의 시장이다. 그러므로 가격만 적당하다면 구매가 쉽게 이루어지기 때문에 고객의 요구에 자원을 투입할 필요가 없다.

성장기의 성공 법칙 3 - 시장의 고릴라가 되어라

시장 원리에 따라 가장 훌륭한 제품이 살아남는 것이 아니라 '과거의 우연한 사실'에 따라 어떤 제품이 시장을 지배한다. 성장 시장에서는 영리한 침팬지가 아닌 무지막지한 고릴라가 되어야 한다. 야만적인 고릴라가 일단 시장을 지배하게 되면 그때부터는 고릴라가 곧 법이다. 살아남지 못한 영리한 침팬지는 의미가 없다.

성장기의 성공 법칙 4 - 돌다리를 두드리지 마라

도입기 또는 성숙기에서는 치밀한 준비를 기반으로 수익성 위주의 사업을 진행해야 하지만 성장기에는 시장점유율이 가장 중요하다. 고객의 요구에 하나하나 대응하여 제품을 점검할 시간이 없다. 시장을 선점해야 한다. 성장기에는 정밀한 검토보다는 빠른 의사결정과 신속한 실행이 가장 중요하다.

Chapter3 성숙기의 성공 법칙 – 크거나 작거나

성숙기의 성공 법칙 1 – 시장의 골리앗이 되어라

성숙기에는 두 가지의 대형화가 필요하다. 시장 독점적 파워를 위해 점유율이 필요한 산업은 수평 계열화가, 긴밀한 의사결정이 중요하거나 공급자 리스크가 있는 경우에는 수직 계열화에 의한 대형화가 효과적이다. 다윗이 아니라 골리앗이 되어야 한다.

성숙기의 성공 법칙 2 – 계란은 한 바구니에 담아라

성숙기에는 '전문화' 현상이 나타난다. 예전에는 고객 풀이 작기 때문에 한 가지에 집중하면 수익성 담보가 어려웠다. 하지만 지금은 정보통신과 운송 수단의 발달로 타깃 고객 풀이 늘어나 전문화를 하는 것이 더 이득이다. 전문화로 경쟁적 우위를 점하는 것이 중요하다. 네트워크 발달 및 글로벌화로 인해 한 가지 산업에 집중하여 수직 계열화 하는 것이 매출 향상에 더 유리하다. 카테고리 킬러를 구성하라.

성숙기의 성공 법칙 3 – 다르다는 것을 증명하라

성숙기에는 경쟁 상품이 매우 많으며 품질의 차이를 판별하기가 쉽지 않다. 따라서 고객은 제품을 고르는 데 혼란을 겪게 된다. 이때 작용하는 것은 '브랜드와 스몰 체인지'이다. 고객은 제품을 구매할 때 그 제품군의 비교 옵션(브랜드)을 떠올린다. 브랜드는 도입기와 성숙기를 거치면서 형성된 가치로써 단기간에 개선이 불가능하다. 이때 필요한 것이 스몰 체인지다.

성숙기의 성공 법칙 4 – 우물 안의 개구리가 되어라

성숙 시장에서 거대 경쟁자를 규모로 추월하는 방법은 단기 집중 투자와 가격 우산 두 가지다. 경쟁 주도권을 탈환하기 위해 단기 손해를 감수하며 대규모 투자를 감행하거나(단기 집중 투자), 또는 거대 경쟁자가 높은 가격을 유지하고 있을 때 낮은 가격으로 점유율을 유지하면서 인큐베이팅을 지속하는 것(가격우산)이다.

Chapter4 쇠퇴기의 성공 법칙 – 죽음과 수익성은 끝까지 미뤄라

쇠퇴기의 성공 법칙 1 – 캐시카우를 죽여라

쇠퇴기에는 무리하게 비용을 투자하지 말고 캐시카우 고객으로부터 최대한 수익을 내고 다른 성장 기회로 눈을 돌리는 것이 좋다. 하지만 시장의 축소를 예측하고 수익성 위주의 경영을 펴는 것은 매우 신중할 필요가 있다. 자칫 수익성 위주의 경영은 보수적인 방향으로 흐를 수 있으며 미래의 성장 기회를 놓칠 수 있기 때문이다. 쇠퇴기에는 경쟁을 위한 신규 투자를 줄이고 충성 고객을 대상으로 현금 확보에 집중할 필요가 있다.

쇠퇴기의 성공 법칙 2 – 고객을 완전히 버려라

쇠퇴기에는 성장하는 시장을 찾아야 하는데 기업의 전략 방향을 하나로 두고 두 가지 이상 고객군을 타깃팅하는 것은 매우 위험하다. 잘못하면 애매한 포지셔닝 때문에 어느 고객층도 잡을 수 없기 때문이다. 쇠퇴기 시장에서 수익성 위주로 고객에 대한 충분한 현금 확보가 이루어졌다면 새로운 시장을 찾아야 한다. 시장 진입을 결정했다면 제로베이스 마케팅을 수행하라.

Chapter5 숲을 보고 나무를 보고 자신도 보라

숲을 보는 방법: 거시 관점의 시장
경쟁의 흐름은 경제적 수익이 아닌 경쟁 관계의 게임이론을 기반으로 움직인다. 규모나 성장과는 다르게 상대의 반응을 고려하여 전략적으로 계획을 수립하여야 한다. 또한 경쟁 범위를 규명할 필요가 있는데 이는 정확한 시장의 경쟁 영향력을 분석하기 위함이다. 사업 방향과 시장의 흐름에 따라 경쟁 관계를 정의하고 전략을 수립하라.

나무를 보는 방법: 미시 관점의 시장
시장을 세분화해서 보면 산업수명주기가 달라질 수 있다. 시장 별로 충분히 경계가 있고 진입 및 비즈니스 수행이 가능한 수준에서 시장의 범위를 정의하고 분석해야 한다. 가능한 시장을 정밀하게 보고 산업수명주기를 판단하는 것이 중요하다. 그 이유는 너무 큰 단위로 분석할 경우 매력적인 세부 시장을 놓칠 위험이 있기 때문이다. 시장의 흐름을 큰 단위로 보면 보이지 않는 부분이 있게 마련이다. 때문에 시장을 적절히 세분화하여 보는 것이 중요하다.

나 자신을 보는 방법: 핵심 역량을 찾아라
핵심 역량에 집중하라. 핵심 역량은 경영자의 의지와 당시의 환경에 의해 자연적으로 구축된다. 이러한 핵심 역량을 견고히 구축하고 활용하는 것은 전략적인 문제로 사업의 성패와 직결된다. 성장 시장에 뛰어들어 성공하는 것도 중요하지만 경쟁사를 이기는 핵심 역량을 구축하는 것이 중요하다. 성장기에 모방 및 확장을 통해 성장했다 하더라도 핵심 역량을 구축하지 못한다면 롱런을 기대하기 어렵다.

타깃팅하지 않은 마케팅 전략은 실패로 가는 지름길이다

Chapter6 네트워크 기반 타깃팅 – 한 고객이 천 명의 고객을 데려온다

사람은 '따라쟁이'다

고객 제품수용주기 관점에서 유행을 분석하면 따라 하는 현상을 명확히 이해할 수 있다. 시장이 폭발하기 위해서는 초기 대중 고객군의 가장 앞 단에 있는 유행 선도 그룹을 공략해야 한다. 왜냐하면 대중은 그들을 따라 하기 때문이다. 유행 선도 그룹이 반응하면 캐즘을 넘어 성장기로 진입할 수 있다. 초기 대중 고객은 유행 민감 고객군을 동경하면서도 그들과 소속감을 유지하고 싶어 한다. 따라서 그들의 구매를 따라 하며 안심하게 되는데 이를 집단 소속 경향이라 한다.

열 손가락 깨물어 안 아픈 손가락 있다

제품은 고객 수용주기를 따라 확산된다. 수용 단계별 고객군에 따라 마케팅은 완전히 달라진다. 같은 돈을 내고 같은 제품을 구매했다고 같은 고객이 아니다. 마케팅 전문가의 역량은 바로 여기서 출발한다. 무능한 마케터는 '나이 든 고객,

여성 고객, 돈 많은 고객' 등 표면적 시각으로 고객을 분석한다. 이는 가장 낮은 수준의 고객 분석이다. 고객 분석의 목적은 '제품을 파는' 것이며 제품을 팔기 위해서는 고객이 제품을 사는 이유를 찾아야 한다. 나이, 성별, 경제력 등이 이유가 아니라 고객의 성향, 행동으로 보이는 핵심 이유를 파악하라.

네트워크 마케팅

대중을 움직이는 스니저를 타깃팅하는 것이 가장 효과적이다. 저성장이 지속되는 어려운 환경에서는 기업의 비용을 줄이고 효과를 극대화해야 한다. 따라서 전략을 명확히 수립하는 것이 중요하다. 그리고 그 전략에 맞게 스니저를 타깃팅한 후 완전완비제품을 제공해야 한다.

스니저를 찾아라

스니저는 상품의 가치를 정확히 판단하고 가격 및 브랜드와 비교해 합리적으로 선택하는 그룹이다. 스니저는 얼리어답터가 사용하는 제품들을 꼼꼼하게 따져보고 사용을 시작하며 많은 사람들이 스니저가 사용하는 제품을 믿고 사용한다. 그러므로 스니저를 찾는 것이 중요하다.

단기 수익에 흔들리지 마라

스니저 고객을 만족시키면 모두를 만족시킬 수 있으며 파급력이 강해 고객이 빠르게 몰리는 현상인 선순환을 가져올 수 있다. 그러므로 단기 수익 감소를 각오하더라도 스니저를 타깃팅한 마케팅 전략을 펼치는 것이 중요하다. 특히 현대와 같이 정보통신과 소셜 네트워크가 발달한 시대에는 스니저 고객군의 가치가 더 높다.

Chapter7 고객 분석 방법 – 고객보다 고객을 잘 알아야 한다

표면 정보를 버려라

맞춤형 전략/마케팅을 수행하기 위해서는 타깃팅이 가장 중요하다. 타깃팅하기 위해서는 고객의 니즈를 파악하고 분석한 후 세분화하는 작업이 필요하다. 고객 분석을 위해 인구통계학적 정보(성별, 나이, 직업 등)를 기준으로 고객을 나누는 것은 가장 낮은 수준의 방법이다. 고객의 행동 원인과 그들의 가치관 및 행동을 분석하는 것이 필요하다. 통계는 전략을 수립하는 데 필요한 참고 정보로 사용하는 것이 바람직하다. 그 이유는 통계 데이터는 매우 표면적인 정보만을 보여 주기 때문이다.

정확한 몇 가지 정보로 고객을 알 수 있다

일반적인 고객 조사는 세 가지 문제점을 안고 있다. 첫째, 설계가 부실하여 원하는 정보를 얻어내지 못한다. 둘째, 고객의 대답을 믿을 수 없다. 셋째, 조사 결과를 분석하는 능력의 부재이다. 유능한 마케터는 이 세 가지 문제점을 해결하고 정확히 고객의 니즈를 파악해내야 한다. 이를 위해 고객 조사 시 '고객이 거짓말을 못하도록 설계하고', '데이터를 자유롭게 가공하고', '고객을 구체적으로 묘사'하는 것이 필요하다.

Chapter8 고객 분석 및 타깃팅 방법 – 전략에 따라 타깃을 정하라

제품수용주기로 고객군을 분석하라

제품수용주기는 어느 산업에서나 동일하게 나타나는 고객 반응 원리다. 따라서 고객 분석 결과를 이에 적용하여 판단하면 매우 강력해진다. 행동원인으로 고객군을 분석하고 세분화 결과를 제품수용주기로 해석한 후 스니저와 얼리어답터를 타깃팅하여 시장을 공략하라.

회사와 고객의 궁합을 보라

하나의 제품(백화점)으로 두 개 이상의 고객군을 타깃팅하는 것은 매우 어렵다. 어설프게 모두를 타깃팅하지 말고 젊은 고객만을 위한 공간을 따로 마련하여 매장 구성, 상품, 분위기를 조성하고, 충성 고객은 기존 매장에서 잘 관리하면 된다. 기업은 충성 고객군을 캐시카우로 관리하면서도 신규 고객에 대한 마케팅 활동을 지속해야 한다. 이처럼 두 개 이상의 고객군에게 마케팅을 진행할 때에는 정확한 타깃팅과 자기잠식을 줄이려는 노력이 병행되어야 지속적으로 성장할 수 있다.

Chapter9 숨은 니즈를 찾는 방법 – 진짜로 원하는 것이 뭐야?

특이한 사실을 찾아라

고객 입장에서 가설을 세우고 현상을 관찰하면 언뜻 평범해 보이는 것에서도 문제 해결을 위한 결정적 아이디어를 만들어 낼 수 있다. 구체적 성공 요인을 찾고자 한다면 특이한 사실에 주목하고 그것을 논리적으로 설명하는 데 주력해야 한다. 특이한 사실에는 보물 상자가 숨어있기 때문이다

빅 데이터, 어떻게 활용할 것인가

많은 기업들은 빅 데이터를 통해 고객의 숨은 니즈가 자동으로 분석될 것으로 착각하고 그 도입을 서두른다. 하지만 2012 가트너의 자료에 의하면 포춘 500대 기업 중 80%가 빅 데이터 활용에 실패할 것이라는 비관적인 전망을 내놓

앞다. 비즈니스적인 문제를 해결하려고 할 때에는 데이터 분석에 앞서 활용을 먼저 생각해야 한다.

파일럿, 관찰, 사례, 데이터로 증명하라

소비재 상품의 경우 시간과 공간만 충분하다면 관찰을 통해 고객의 니즈를 파악하는 것이 가장 효과적이다. 하지만 가설이 명확하고 관찰이 불가능한 제품의 경우에는 사례나 데이터로 검증해야 한다. 현대와 같이 인터넷 정보가 풍부하고 데이터가 충분히 갖춰져 있을 경우에는 관찰보다는 사례나 데이터로 수행하는 것이 더 효과적일 수 있다. 데이터에 매몰될 필요는 없지만 가설 검증에 필요한 사실 데이터는 매우 중요하다. 가설을 검증할 때만 데이터를 선별적으로 사용하는 것은 유능한 마케터의 필수 조건이다.

Chapter10 경험에 기반한 이론 활용법 – 고객이 원하는 것을 주어라

수단과 방법을 가리지 마라

전통적인 마케팅 방식에서 탈피하여 목적을 이루기 위해 법의 테두리 안에서 할 수 있는 모든 방안을 총동원하라. 대기업일수록 그리고 경험이 많은 사람일수록 틀에 박힌 사고를 한다. 마케팅 방안을 수립할 때면 그동안 자신이 해왔던 방식 또는 교과서적인 마케팅을 고집한다. 그것이 편하고 안전하기 때문이다. 남들과 똑같은 마케팅을 할 것이라면 마케팅 부서는 필요 없다.

인간의 약점을 이용하라

인간은 자신이 최선의 선택을 했다고 믿고 있지만 실제로는 그렇지 않다. 인간은 진화 과정 및 경험에서 쌓여온 행동 습관이 심리상에 남아있으며, 그러한 경향은 이성적 사고 과정을 교란하게 된다. 따라서 이러한 심리 특성을 비즈니스에 적용하면 혁신적 해결 방안을 찾을 수 있다. 인간은 가치를 평가하는 데 있어서 사고의 틀과 방식이 정해져 있으며 이를 이용하여 가치 평가를 유리한쪽으로 활용할 수 있다.

프레임으로 사고하라

프레임워크Framework로 사고하고 전략을 수립하는 습관을 들인다면 마케팅 능력은 배가될 것이다. 고객은 컴퓨터가 아니다. 그러므로 모든 속성을 검토하지 않는다. 자신이 중요시하는 포인트 몇 가지를 옵션들과 비교하여 결정한다. 이는 각 제품별로 다르고 고객군별로 다르다. '의사결정' 단계에 문제가 있다면 고객의 유형을 나누고 각각 중요시하는 포인트를 도출하여 그 포인트들의 비교가 경쟁에서 승리하도록 하는 전략이 필요하다

일사불란하게 실행하라

전략을 명확히 하라. 전략이 명확하지 않으면 마케팅을 실행할 수 없다. 전략과 일치하는 아이디어를 선정하고, 유행하는 마케팅 아이디어라도 전략과 맞지 않으면 과감히 버리는 것이 필요하다. 기업의 전 조직에서 전략을 공유하고 공감대를 형성하고 추진력을 갖춰 일사불란하게 수행해야 한다.

가격은 경영의 반이다

가격은 작은 차이라 할지라도 전체 성과에 미치는 영향이 강력하다. 따라서 가격정책은 좀더 세밀하게 접근할 필요가 있다. 도입기에는 브랜딩과 수익성 확보가 중요하다. 따라서 저가보다는 고가 정책을 펴서 이때 반응하는 일부 고객으로부터 현금을 확보하는 스키밍Skimming(초기 고가) 전략을 전개해야 한다. 성장기에는 시장점유율을 확대하여 시장의 강자가 되는 것이 중요하다. 따라서 상

대적 저가 정책을 펴서 캐즘을 넘고 시장점유율을 늘려야 한다. 성숙기는 시장 점유율과 수익성이 모두 중요하다. 따라서 매출을 높이는 것이 필요하다. 이때 는 매출을 극대화할 수 있는 가격에 맞춰야 한다. 쇠퇴기에 오게 되면 수익성 위 주로 높은 가격을 설정하여 현금을 확보해야 한다.

KI신서 5567

브레인 워크

1판 1쇄 발행 2014년 4월 3일
1판 2쇄 발행 2014년 6월 5일

지은이 박형준·박상현
펴낸이 김영곤 **펴낸곳** (주) 북이십일 21세기북스
부사장 임병주
기획편집 주명석 **디자인** 정란
영업본부장 이희영 **마케팅1본부장** 안형태
영업 이경희 정경원 정병철 **마케팅** 최혜령 김홍선 이영인 강서영
출판등록 2000년 5월 6일 제10-1965호
주소 (우413-120) 경기도 파주시 회동길 201(문발동)
대표전화 031-955-2100 **팩스** 031-955-2151 **이메일** book21@book21.co.kr
홈페이지 www.book21.com **트위터** @21cbook
블로그 b.book21.com **페이스북** facebook.com/21cbooks

이 책에 인용된 참고 문헌 목록은 북이십일 홈페이지에서 확인하실 수 있습니다.

ISBN 978-89-509-5509-0 03320
책값은 뒤표지에 있습니다.